ख़ुशी का पासवर्ड आख़िर मिल ही गया

डॉ. एच.एल. माहेश्वरी

डायमंड बुक्स

www.diamondbooks.in

प्रकाशक : डायमंड पॉकेट बुक्स (प्रा.) लि.
X-30 ओखला इंडस्ट्रियल एरिया, फेस -II
नई दिल्ली- 110020
फोन : 011-40712200
ई-मेल : wecare@diamondbooks.in
वेबसाइट : www.diamondbooks.in
संस्करण : 2025

Khushi Ka Password Aakhir Mil Hi Gaya
by *Dr. H.L. Maheshwari*

मन की बात

ख़ुशी या प्रसन्नता पाने की चाहत हर मनुष्य में जीवन पर्यन्त बनी रहती है। यह चाहत उसका सहज स्वभाव भी है, क्योंकि मनुष्य का सारा जीवन ख़ुशी की बुनियाद पर ही खड़ा है। वह किसी न किसी तरह इसे ढूँढ़ने के लिए भटकता रहता है। ख़ुशी के लिए भटकाव इसलिए भी रहता है कि उसे स्वयं को भी पता नहीं कि वह जिस चीज़ की तलाश में है, आख़िर वह क्या है और उसका सही ठिकाना कहाँ है?

कुछ लोग ख़ुशी धन-दौलत में ढूँढ़ने की कोशिश करते हैं। कुछ लोग इसे यश और प्रसिद्धि में पाना चाहते हैं। कुछ लोग इसे सांसारिक रिश्तों में तलाश करते हैं, कुछ लोग संगीत, सांस्कृतिक गतिविधियाँ तथा सांसारिक भोगों, रसों जैसी दुनियावी मनोरंजन में अपनी ख़ुशियों की तलाश करते हैं।

बड़ा ही दिलचस्प है-यह ख़ुशी की तलाश का मामला। जाने कितने संत, ज्ञानी, विचारक और जीवन कला विशेषज्ञ इस सवाल के जवाब का सामना करते हैं। ख़ुशी कहाँ है, इसे कैसे पायें? कोई भी इसकी तलाश से परे नहीं है।

पुस्तक-**'ख़ुशी का पासवर्ड आख़िर मिल ही गया'** आपके हाथ में है। इसे पढ़ने से आप कैसे लाभान्वित होंगे। आपकी समस्या का समाधान कैसे होगा? गणित हमें यही सिखाता है कि हर समस्या का कोई न कोई समाधान अवश्य है। समस्या को यदि हम ताला मानें तो कह सकते हैं कि अगर ताला है, तो उसे खोलने वाली चाबी भी ज़रूर होगी। जॉन बेज ने कहा था कि आप जब तक ढूँढ़ते रहेंगे, समाधान मिलते रहेंगे। सैकड़ों वर्ष पूर्व कबीर इसी बात को कुछ इस अंदाज में कह चुके हैं-**'जिन खोजा तिन पाइयां गहरे पानी पैठ।'**

ख़ुशी का पासवर्ड आख़िर मिल ही गया' पुस्तक ख़ुशी से सम्बन्धित आपके मन में उठने वाले सभी प्रश्नों का युक्तियुक्त उत्तर देती है, साथ ही रस्किन की आशावादी सोच की भी पुष्टि करती है कि ख़ुशी सर्वत्र विद्यमान है, सारा संसार ख़ुशमय है। यह पुस्तक नाख़ुशी से छुटकारा दिलाने और ख़ुशी से जीवन जीने का पासवर्ड बताती है।

प्रस्तुत पुस्तक में विषय से सम्बन्धित दुनिया के कई विश्वविद्यालयों और शोध संस्थानों द्वारा किये गये शोध एवं सर्वेक्षण के साथ ही जाने-माने मनोवैज्ञानिकों, मनोचिकित्सकों, समाजशास्त्रियों एवं अन्य विद्वानों के विचारों का समावेश भी किया गया है। यदि आप इस पुस्तक में लिखी गयी बातों को व्यवहार में लायें तो निश्चित रूप से ख़ुशी से सुखी जीवन जी सकेंगे।

पुस्तक लिखने में मेरी जीवनसंगिनी श्रीमती लक्ष्मी माहेश्वरी, पुत्र डॉ. पंकज, पुत्रवधू डॉ. श्रद्धा माहेश्वरी एवं पुत्री डॉ. सपना माहेश्वरी (यू.के.) द्वारा दिए गए आत्मीय सहयोग के प्रति उनका आभारी हूँ। आभारी हूँ, मैं उन सभी समाचार पत्र-पत्रिकाओं का, जिनसे मिली जानकारी पुस्तक लिखने में सहायक रही है।

वरिष्ठ साहित्यकार डॉ.शिव चौरसिया से मिले मार्गदर्शन के लिए मैं उनके प्रति अपनी कृतज्ञता व्यक्त करता हूँ।

पुस्तक में लिए गए उदाहरण, उद्धरण, शेर-शायरी, शोध रिपोर्ट्स आदि के स्रोत नोट नहीं कर पाया हूँ, लेकिन उन सभी के प्रति हृदय से आभार व्यक्त करता हूँ।

डॉ. एच.एल. माहेश्वरी

11, महावीर नगर, सांवेर रोड

उज्जैन (म.प्र.) - 456010

मोबाइल : 9827265724

ई-मेल : hlujjain@yahoo.co.in

अनुक्रमणिका

1

ख़ुशी का गुरुमंत्र - सकारात्मक सोच

ख़ुशी के मायने और इस भाव को बनाए रखने के लिए अपनी सोच को बदलना ज़रूरी है। जीवन में जो नकारात्मक विचार आपको अक़्सर परेशान करते हैं, उनसे निपटने के तरीकों पर काम करके ख़ुशहाल रहा जा सकता है।

- बी.के. शिवानी

आध्यात्मिक वक्ता और लेखिका

विचार, सोच, दृष्टिकोण, नज़रिया, एटीट्यूड शब्दों के अर्थ में भाषा की दृष्टि से मामूली-सी भिन्नता हो सकती है, किन्तु हम व्यावहारिक रूप या बोलचाल में इनका इस्तेमाल समानार्थी शब्दों की तरह ही करते हैं, अतः पुस्तक में ये शब्द इसी अर्थ के साथ उपयोग में लाये गये हैं।

सकारात्मक विचार या सोच का नज़रिया ज़िन्दगी में महामंत्र क्यों है? इस मंत्र का उपयोग क्यों हमेशा फलीभूत होता है? कभी निष्फल क्यों नहीं होता है? यह कैसे हमें दुःखों, परेशानियों और समस्याओं के अंधियारे से छुटकारा दिलाकर ज़िन्दगी में नया सवेरा लाता है। इस पर विचार करने के पहले यह जानना ज़रूरी है कि आख़िर विचार का आशय या अर्थ क्या है और यह कितना शक्तिशाली है।

मन में उठने वाली विविध भावनाओं, कामनाओं एवं स्मृतियों की उत्ताल तरंगें हैं विचार, जिनमें मन डूबता-उतराता रहता है। चेतना एवं चिन्तन के अद्भुत सोच के स्पंदनों

की हलचल हैं विचार। हम संसार में जो कुछ देखते हैं, हमें जो कुछ भी दृष्टिगोचर है वह सब विचारों का ही मूर्त्तरूप है। यह समस्त सृष्टि विचारों का ही चमत्कार है।

हमने आज तक जो किया है, जो कुछ कर रहे हैं और आगे भी जो करेंगे, वह सब विचारों की परिणति होगी। प्रत्येक क्रिया के संचालक विचार ही होते हैं। बिना विचार के कोई भी कार्य संभव नहीं है।

व्यक्ति पर विचार का अद्भुत प्रभाव होता है। विचार ही मनुष्य को ऊपर उठाते हैं और विचार ही मनुष्य के पतन का कारण बनते हैं। विचार से निराश मन में आशा का संचार होता है। एक विचार से अर्जुन जैसा योद्धा कुरुक्षेत्र में पलायन करना चाहता है, किन्तु भगवान श्रीकृष्ण के चमत्कारिक विचारों के प्रभाव से वही अर्जुन गाण्डीव उठाकर युद्ध के लिए तैयार हो जाता है। यह है विचार शक्ति। इसीलिए इमर्सन ने कहा है कि विचार से अधिक ठोस वस्तु ब्रह्माण्ड में नहीं है। ''विचारों की शक्ति, असीम है, व्यक्ति जैसा सोचता है और करता है, वह वैसा ही बन जाता है।'' मैंने सबसे अधिक महत्त्वपूर्ण बात यह देखी कि विचारों की शक्ति से बढ़कर इस संसार में कोई शक्ति नहीं है। इसी के सहारे मनुष्य जो बनना चाहता है, बन जाता है।

शेक्सपियर के विचार भी इससे ही मिलते-जुलते हैं। उन्होंने लिखा है कि ''हमारे विचार ही प्रतिकूलता, अनकूलता गढ़ते हैं, वे ही हैं जो हमें उदासी या प्रसन्नता देते हैं।'' वैज्ञानिक भी इस बात की पुष्टि करते हैं कि मनःस्थिति से ही परिस्थितियाँ निर्मित होती हैं।

ख़ुशी से जीने का मूल मंत्र

ख़ुशी से जीवन जीने का मूल मंत्र है सकारात्मक सोच। यह एक ऐसा अनूठा मंत्र है, जिससे व्यक्ति की सभी समस्याओं का निराकरण हो सकता है। यह सुख, मानसिक शांति और तनाव मुक्ति की एक तरह से कीमिया दवा है। सकारात्मक सोच का अभाव दुःख और नाख़ुशी का मूल कारण है।

यदि आपकी सोच सकारात्मक है, तो आप अपने जीवन में सकारात्मक शक्तियों को सक्रिय कर सकेंगे, जिससे आपको सकारात्मक परिणाम मिलने लगेंगे। सकारात्मक विचार आपके आस-पास ऐसा वातावरण बना देते हैं, जिससे अनुकूल परिस्थितियाँ निर्मित होने लगती हैं, जो आपके जीवन को सुखमय बनाने में अहम भूमिका निभाती हैं। इसीलिए सकारात्मक सोच को सुख की बुनियाद माना जाता है।

सकारात्मक दृष्टि का ही परिणाम है कि हमें पत्थर में भगवान नज़र आते हैं। श्रद्धा

जागृत होती है। हम सुख-दुःख में भगवान को याद करते हैं। अपनी मनोकामनाएँ प्रार्थना के माध्यम से भगवान के सामने रखते हैं। हम उस पत्थर की प्रतिमा की पूजा करते हैं और यदि हमारी दृष्टि नकारात्मक है तो वह मात्र शिलाखण्ड है। मूर्ति पूजा के सिद्धान्त के पीछे यही दृष्टिकोण रहा है। सारांश यह है कि सारा खेल दृष्टि का है।

सकारात्मक सोच से आपके दिमाग के आगे के उस हिस्से में सकारात्मक बदलाव आता है, जो आपके सारे दिमाग और मन के कार्यों का समन्वय का केन्द्र होता है। मानव व्यवहार का अध्ययन करने वालों ने पाया है कि आशावादी, लोगों का मूड अच्छा रहता है। सेहत भी अच्छी रहती है। ख़ास बात यह है कि ये लोग अकेले बहुत कम समय बिताते हैं। दूसरों से अच्छे सम्बन्ध होते हैं और ये सामान्यतः ख़ुश रहते हैं।

मेयो क्लिनिक ने सकारात्मकता पर व्यापक शोध किया है, उन्होंने बताया कि सकारात्मकता सिर्फ ऊपरी ख़ुशी या पाजीटिव एटीट्यूड नहीं है। सकारात्मक विचार असल में आपकी ज़िन्दगी में ख़ुशी पैदा करते हैं। इसका मतलब यह भी नहीं कि ज़िन्दगी की मुश्किलों को नज़रअंदाज किया जाए। सकारात्मक सोच का अर्थ सिर्फ इतना ही है कि तकलीफों से आप कैसे जल्दी निपटते हैं। यह एक दिन का काम नहीं है। सकारात्मकता को दिनचर्या में शामिल कर इसकी आदत डालना पड़ती है।

ख़ुशी की जड़ कहाँ ?

एक मस्तमौला फ़क़ीर से किसी व्यक्ति ने पूछा - कल मौसम कैसा रहेगा?

फ़क़ीर ने ज़वाब दिया- जैसे मैं चाहूँगा वैसा रहेगा।

प्रश्नकर्ता ने अनुमान लगाया कि फ़क़ीर को ज़रूर कोई शक्ति का घमण्ड है। अतः उसने व्यंग्यपूर्वक पुनः प्रश्न किया- क्या मतलब?

फ़क़ीर मुस्कुराया और बोला- ''अरे भाई जैसा मैं मन बना लूँगा, मौसम वैसा ही हो जाएगा।''

यह वास्तविकता है। मौसम परिस्थतियों या घटनाओं का अच्छा या ख़राब होना वस्तुतः हमारे दृष्टिकोण पर निर्भर करता है।

सामान्य तौर पर अलग-अलग व्यक्ति एक ही घटना या परिस्थिति या व्यक्ति विशेष के संदर्भ में अपनी मानसिकता या सोच के अनुसार विविध दृष्टिकोण अपनाकर उनकी अच्छी या खराब छवि को निर्धारित करते हैं।

ख़ुशी की जड़ हमारे मस्तिष्क में होती है। हमारा मस्तिष्क सबसे शक्तिशाली कम्प्यूटर है। हम अपने मस्तिष्क की जैसी प्रोग्रामिंग करते हैं, समय के साथ हम वैसे ही बन जाते हैं। ख़ुशी के लिए व्यक्ति ख़ुश रहने की सोच की प्रोग्रामिंग करता है, जबकि दुःखी आदमी अपने मस्तिष्क को निर्देशित करता है, मुझे दुःखी, परेशान और अभावग्रस्त बनाओ।

एक नज़ारा, कई नज़रिए

एक चोर, चोरी करने गया। रात में काफी घूमा, किन्तु कहीं चोरी करने का मौका नहीं मिला। चोर, चोरी नहीं कर सका। घूमता रहा और घूमते-घूमते थक गया। काफी थकान के बाद गाँव के बाहर गया और एक पेड़ के नीचे जाकर लेट गया। रात भर का जगा हुआ था, काफी गहरी नींद आ गई। सूरज निकल गया फिर भी जागा नहीं।

जब सूरज निकला तो कुछ लोग घूमने निकले। एक शराबी भी वहाँ से निकला। शराबी ने देखा कि एक आदमी पेड़ के नीचे सो रहा है। उसने देखा और बोला देखा कितना बड़ा शराबी है। कितनी शराब पी है। नशे में कितना धुत है कि सूरज निकल आया, किन्तु नशा अभी तक नहीं उतरा।

थोड़ी देर में एक अन्य आदमी आया। वह था, जुआरी। उसने देखकर कहा, लगता है रात भर जुआ खेलता रहा और हार गया। थका, मांदा सो रहा है। पहले खेला ही क्यों? और खेला तो दाँव को ठीक से क्यों नहीं खेला?

थोड़ी देर में तीसरा आदमी आया। वह योगी था। उसने देखा- ओह! कितनी मस्ती से सो रहा है कितना निश्चिंत है। कोई चिन्ता नहीं है। ऐसे ही लेट गया न कोई बिछौने की अपेक्षा न किसी बात की अपेक्षा। लगता है कि यह बहुत पहुँचा हुआ व्यक्ति है। नमस्कार करना चाहिए ऐसे व्यक्ति को। वह उसे नमस्कार करके चला गया।

दृश्य एक था पर दृष्टिकोण अनेक थे। एक ही दृश्य पर अनेक व्यक्ति अनेक दृष्टिकोण से अपनी प्रतिक्रिया व्यक्त करते हैं। यह बहुत बड़ा सत्य है।

जैसी हमारी सोच, वैसी सारी ख़ुशियाँ

दुनिया बहुत बुरी है, ज़माना बड़ा ख़राब है। ईमानदारी का युग चला गया, चारों ओर बेईमानी छाई हुई है, सब लोग धोख़ेबाज़ हैं, धर्म धरती पर से उठ गया- ऐसी उक्तियाँ जो आदमी बार-बार दोहराता है, समझ लीजिए कि यह खुद धोख़ेबाज़ और बेईमान है। इसकी इच्छित वस्तुएँ इसके चारों ओर इकट्ठी हो गई हैं और उनकी सहायता से सुव्यवस्थित

कल्पना-चित्र इसके मन पर अंकित हो गया है। जो व्यक्ति यह कहा करता है कि दुनिया में कुछ काम नहीं है, बेकारी का बाज़ार गरम है, उद्योग-धंधे उठ गए, अच्छे काम मिलते ही नहीं, तो समझ लीजिए कि इसकी अयोग्यता इसके चेहरे पर छाई हुई है। क्रोधी मनुष्य जहाँ जाएगा, कोई न कोई लड़ने वाला उसे मिल ही जाएगा। घृणा करने वाले को कोई न कोई घृणित वस्तु मिल ही जाएगी। अन्यायी मनुष्य को सब लोग बड़े बेहूदे, असभ्य और दंड देने योग्य दिखाई पड़ते हैं। होता यह है कि अपनी मनोभावनाओं को मनुष्य अपने सामने वालों पर थोप देता है और उन्हें वैसा ही समझता है जैसा कि वह स्वयं हैं, जिसे दुनिया स्वार्थी, कपटी, गंदी, दुःखमय, कलुषित, दुर्गुणी, असभ्य दिखाई पड़ती है। समझ लीजिए कि इसके अंतर में इन्हीं अवगुणों का बाहुल्य है। संसार में एक लंबा-चौड़ा बहुत बढ़िया बिल्लौरी काँच का चमकदार दर्पण है, इसमें अपना मुँह हूबहू दिखाई पड़ता है। जो व्यक्ति जैसा है, उसके लिए त्रिगुणामयी सृष्टि में से वैसे ही तत्त्व निकलकर आगे आ जाते हैं। सतयुगी आत्माएँ हर युग में रहती हैं और उनके आस-पास सदैव सतयुग बरसता रहता है।

तुलना भी ख़ुशी दे सकती है...बशर्ते सकारात्मक हो–दलाई लामा

हम आज को कल से तौलते हैं। अगर बेहतर स्थिति में पाते हैं, तो ख़ुशी मिलती है। जैसे वेतन दस हजार बढ़ जाए तो ख़ुशी होगी। पर जल्द ही हम इसके आदी हो जाएँगे और ये ख़ुशी का कारण नहीं रह पाएगी। हम दूसरों से खुद की तुलना करते हैं। कितना भी कमाएँ, लेकिन यदि पड़ोसी ज़्यादा कमाता है तो हम असंतुष्ट महसूस करने लगते हैं। पर कभी-कभी तुलना भी ख़ुशी का कारण बन सकती है। हमारी ख़ुशी इस पर निर्भर करती है कि हम अपनी तुलना किससे करते हैं। अपने से अधिक सुंदर या सफल लोगों के साथ लगातार तुलना करने से हमारे भीतर ईर्ष्या, कुण्ठा और दुःख पैदा होने लगता है, परन्तु इसी सिद्धांत का सकारात्मक तरीके से भी प्रयोग कर सकते हैं। अपनी तुलना स्वयं से कम भाग्यशाली लोगों से करके और हमारे पास जो कुछ है, उसके विषय में विचार करके आत्म-संतोष बढ़ा सकते हैं।

शोधकर्ताओं ने यह दर्शाने के लिए अनेक प्रयोग किए हैं कि संतुष्टि बढ़ाने के लिए हमें सिर्फ दृष्टिकोण बदलने की ज़रूरत है। न्यूयार्क के स्टेट विश्वविद्यालय में एक प्रयोग के दौरान कुछ लोगों को इस वाक्य को पूरा करने के लिए कहा गया, 'मुझे ख़ुशी है कि मैं... नहीं हूँ।' इस अभ्यास को पाँच बार दोहराने के बाद लोगों में जीवन के प्रति संतोष का भाव काफी बढ़ गया। प्रयोगकर्ताओं ने एक अन्य समूह को एक दूसरा वाक्य पूरा करने के लिए

दिया- 'काश! मैं...होता।' इस बार लोगों में जीवन के प्रति असंतोष का भाव अधिक था।

नज़रें बदलीं, नज़ारें बदल गए

एक महिला की अभिव्यक्ति- कैसे उसकी सोच में परिवर्तन आने पर पूरा परिदृश्य बदलकर सकारात्मक हो गया।

भले ही पार कर गयी 50 को मैं,
बालों में मेरे चाँदी है
चेहरे पर नूर है
हल्का सा गुरूर है
नहीं करती अब परवाह मैं
किसी के भी तानों की, उलझनों की
वो दिन अब लद गये
जब आँखों के कोने कोने पानी था
छुप कर के मैं रोती थी
होठों पर ले नकली मुस्कान
अब रहती हूँ मस्त अपने में
निहारती हूँ खुद को
सँवारती हूँ खुद को देख आईने में
गीत भी मैं गाती हूँ, तो ग़ज़ल भी मैं गाती हूँ
नज़र मुझे आता है किसी की आँखों में अपना अक़्स
बिन कहे पढ़ लेती हूँ
किसी की नज़रों का फेर
अब वो करती हूँ मैं जो मुझे भाता है
क़लम भी चलाती हूँ तो
कड़छी भी चलाती हूँ
पार्लर भी जाती हूँ तो मंदिर भी जाती हूँ

बगियाँ में देख तितली बच्चे-सी मचल जाती हूँ
सब कुछ होते भी कमी महसूस करती हूँ
अपने दिल के टुकड़ों की
बात उनसे करके कुछ पल, हो लेती हूँ ख़ुश मैं
देख कर ख़ुश उनको भूल जाती हूँ ग़म अपने
मैं खिल उठती हूँ चहक उठती हूँ
खुद में ही महक उठती हूँ
50 को पार करके जीवन की नयी पारी खेल रही मैं
जीवन के एक एक पल को जी रही मैं
जो नहीं कर पायी अभी तक वो सब कर रही मैं
50 पार करने का ग़म नहीं कर रही मैं।

सकारात्मक दृष्टिकोण एवं पुनरावृत्ति तकनीक

आप यह अहसास करें कि जिस दुनिया में आप रहते हैं वह काफी सीमा तक इस बात से तय होती है कि आपके मस्तिष्क में क्या चल रहा है। ख़ुशी का साम्राज्य आपके विचार और भावना में है। जब आप सुबह आँखें खोलें तो खुद से कहें- मैं आज ख़ुश रहने का चुनाव करता हूँ, मैं शान्ति का चुनाव करता हूँ, साथ ही यह सुनिश्चित करें कि आप नकारात्मक, पराजयवादी या बुरे विचार नहीं रखेंगे। खुद को बार-बार याद दिलाएँ, पुनरावृत्ति करें कि ''मैं सुखी हूँ'', ''मैं ख़ुश हूँ'' तो फिर निश्चित ही आपके मन-मस्तिष्क में जो है उससे अलग अनुभव नहीं कर सकते।

ए सुबह तुम जब भी आना
सबके लिए बस ख़ुशियाँ लाना।
हर चेहरे पर हँसी सजाना
हर आँगन में फूल खिलाना
जो रोए हैं उन्हें हँसाना
जो रूठे हैं उन्हें मनाना
जो बिछड़े हैं तुम उन्हें मिलाना

प्यारी सुबह तुम जब भी आना
सबके लिए बस ख़ुशियाँ लाना।

व्यक्ति को प्रसन्नचित्त या ख़ुशमिज़ाज रहने के लिए सबसे अधिक महत्त्वपूर्ण है कि वह हमेशा अपना दृष्टिकोण आशावादी रखे। मनोरोग विशेषज्ञों का मानना है कि ख़ुशी केवल इस बात से प्राप्त की जा सकती है, यदि हम अपने भीतर दोहराएँ कि हम ख़ुशमिज़ाज व्यक्ति हैं और हमें हमेशा ख़ुश रहना है। इस तरह की कल्पना करने पर हमारा मस्तिष्क इस संदेश को और इन्हीं भावों को अपने शरीर या स्नायु तंत्रों को भी इसी तरह के निर्देश देता है, तब कल्पना में की गई आपकी धारणा वास्तविक रूप में आपको ख़ुश बनाए रख सकती हैं।

नकारात्मक रस का उपवास, सकारात्मक का अभ्यास

खाने-पीने के उपवास के बारे में तो हम जानते हैं, मगर क्या आपको भावनात्मक उपवास के बारे में जानकारी है? यदि आपको यह उपवास करने का मन हो जाए तो इसके फायदे शरीर से ज़्यादा मन और आत्मा को मिलते हैं और यह हमारे जीवन को ख़ुशहाल बनाने में मददगार हो सकता है। भावनात्मक उपवास को रस साधना भी कहते हैं।

इस उपवास में पहले वे रस चुन लिए जाते हैं जो नकारात्मक हैं और फिर संकल्प लिया जाता है, किसी नकारात्मक रस से तयशुदा दिनों तक दूरी बनाए रखने का। मान लीजिए आपने तय किया कि इस सप्ताह नाख़ुश नहीं रहेंगे। इस सप्ताह नाख़ुशी का उपवास है। यदि इस दौरान आपके पास नाख़ुशी आई तो आपको अपना संकल्प याद आएगा। इस प्रकार बुरे रसों से थोड़े-थोड़े समय दूर रहने के नियमित अभ्यास से आपमें परिवर्तन आएगा, अपने स्वभाव पर नियंत्रण होगा। इसी प्रकार सकारात्मक रस के अन्तर्गत किसी सप्ताह ख़ुश रहने का अभ्यास आपको छोटी-छोटी बातों में भी ख़ुश रहना सिखाएगा और इस प्रकार अधिक से अधिक अभ्यास के साथ आपकी वृत्ति भी बदलने लगेगी और आप प्रसन्न और सुखी रहना सीख पाएँगे।

परमात्मा के प्रति आभार, धन्यवाद

एक गुरु अपने शिष्य के साथ लम्बी यात्रा करने के पश्चात अपनी कुटिया की ओर जा रहे थे। संध्या का समय था। दोनों ही जब अपनी कुटिया के निकट पहुँचे तो उन्होंने कुटिया को आधी उजड़ी स्थिति में देखा। वर्षा ऋतु की आँधी-तूफान ने आधी कुटिया को

उड़ा दिया और आधी यथावत् थी। यह दृश्य देखकर शिष्य एकदम क्रोधित हो गया और उत्तेजना भरे स्वर में बोला-

गुरुदेव इन्हीं बातों से तो मुझे भगवान पर शक हो जाता है। जो दुर्जन हैं उनके मकान तो सुरक्षित हैं, हम जो दिन-रात प्रभु स्मरण में बिताते हैं फिर भी भगवान हमारे छप्पर का भी ख्याल नहीं रखते।

यह सुनकर गुरु ने आनंदित होकर कहा-

वत्स! मैं तो परमात्मा के प्रति आभार प्रकट करता हूँ, धन्यवाद देता हूँ। ख़ुश हूँ कि उसने हमारी बहुत रक्षा की, क्योंकि आँधी-तूफान का क्या भरोसा था। वह तो पूरा छप्पर ही उड़ा कर ले जा सकता था, परन्तु यह उस परमात्मा की कृपा थी कि उसने हम पर इतनी दया कि और झोपड़े को इस हालत में रखा कि थोड़ी-सी मेहनत से उसका पुनःनिर्माण किया जा सकता है।

इस उदाहरण से स्पष्ट है कि सकारात्मक सोच किस प्रकार नकारात्मकता को शान्त कर देता है और परेशानी को भुला देता है।

सकारात्मक सोच, श्रद्धा और विश्वास

जापान के नवविवाहित दंपती की एक कहानी है। वे एक नाव में हनीमून पर जा रहे थे और अचानक तूफान आ गया। महिला घबरा गई, लेकिन पुरुष शांत था वह सदैव की भाँति मुस्कुरा रहा था। महिला ने पति से पूछा, ''मैं घबराई और डरी हुई हूँ कि यह नाव डूब जाएगी, लेकिन तुम मुस्कुरा रहे हो। हम डूबकर मर सकते हैं।'' अचानक ही पुरुष ने अपनी कटार निकाली और पत्नी की गर्दन पर रख दी। इस पर महिला हँसने लगी और बोली, "यह मजाक करने का समय नहीं है। भविष्य के बारे में सोचो।" पति ने कहा, ''तुम्हें मुझसे डर क्यों नहीं लग रहा है? मैं तुम्हें मार दूँगा।'' पत्नी हँसने लगी, ''मुझे चिंता करने की क्या ज़रूरत है? मुझे विश्वास है कि तुम मुझे कोई नुकसान नहीं पहुँचाओगे, बल्कि कटार से मेरी रक्षा ही करोगे।'' पति ने उत्तर दिया, मेरा सोच सकारात्मक है मेरा प्रकृति और ईश्वर के साथ यही सम्बन्ध हैं। जब मेरा जीवन ईश्वर के हाथ में है, तो वह मुझे तूफान में इस प्रकार मरने नहीं देंगे। मेरे जीवन की डोर उनके हाथ में है तो मुझे चिंता करने की क्या ज़रूरत है?" इस कहानी में आगे यह बताया गया है कि जिस क्षण पत्नी अपने पति के साथ प्रार्थना करने लगी, उसी क्षण तूफान शांत हो गया। इसका निष्कर्ष यही है कि संकट में श्रद्धा की सबसे

अधिक आवश्यकता होती है। इसीलिए श्रद्धा भी ईश्वर का दिया एक उपहार है। हमें ईश्वर पर विश्वास रखना चाहिए।

हर हाल में ख़ुश रहो

छोटी-सी ज़िन्दगी है हर बात में ख़ुश रहो
जो चेहरा पास न हो उसकी आवाज़ में ख़ुश रहो
कोई रूठा हो तुमसे, उसके इस अंदाज़ में भी ख़ुश रहो
जो लौटकर नहीं आने वाले, उन लम्हों की याद में ख़ुश रहो,
कल किसने देखा है अपने आज में ख़ुश रहो।
ख़ुशियों का इंतज़ार किसलिए दूसरों की मुस्कान में ख़ुश रहो।
क्यों तड़पते हो हर पल किसी के साथ को,
कभी तो अपने आपमें ख़ुश रहो
छोटी-सी ज़िन्दगी है हाल में ख़ुश रहो।

मैं ख़ुश रहने का विकल्प चुनता हूँ

एक ज़गह एक सांस्कृतिक कार्यक्रम में मुख्य अतिथि के रूप में 75 वर्षीय एक सज्जन को आमंत्रित किया गया था। उनका व्यक्तित्व बड़ा आकर्षित, प्रफुल्लित और ख़ुशनुमा था। लोगों का उनके बारे में कहना था कि वे हमेशा ख़ुश रहते हैं और अत्यन्त विनोदप्रिय हैं। जब इन्होंने बोलना शुरू किया तो उनका व्याख्यान बड़ा ही सटीक, तार्किक, सहज तथा हँसाने वाला था। श्रोता हँसी के मारे दोहरे हो रहे थे। व्याख्यान की समाप्ति पर सभी लोगों ने उनकी भरपूर प्रशंसा की।

कार्यक्रम की समाप्ति के पश्चात् एक बुज़ुर्ग व्यक्ति ने उन अतिथि महोदय से पूछ ही लिया कि वे इतने ख़ुश कैसे रहते हैं। आख़िर उनकी ख़ुशी का क्या राज़ है?

उस व्यक्ति ने उत्तर दिया-

''कुछ नहीं मेरी ख़ुशी का कोई बड़ा राज़ नहीं है, यह तो उतना ही सीधा है जितना कि आपके चेहरे पर लगी नाक। जब मैं सुबह उठता हूँ तो मेरे पास दो विकल्प होते हैं या तो मैं ख़ुश रहूँ या फिर दुःखी रहूँ और मैं ख़ुश रहने का विकल्प चुनता हूँ और यही मेरी ख़ुशी का राज़ है।''

अमेरिका के पूर्व राष्ट्रपति अब्राहम लिंकन का कथन भी ऐसा ही था। वे कहते थे कि लोग उतने ही ख़ुश रहते हैं जितना वे ख़ुश रहने का विकल्प चुनते हैं। अगर आप दुःखी रहना चाहते हैं तो बड़े आराम से दुःखी रह सकते हैं, यह दुनिया का सबसे आसान काम है। सिर्फ दुःखी रहने का विकल्प चुन लें और आप अपने आपसे दुनिया दुःखों से भरी हुई है तो आप सचमुच दुःखी हो जायेंगे, परन्तु इसके विपरीत आप यह कहें हर काम अच्छी तरह से हो रहा है ज़िन्दगी बहुत बढ़िया है सभी लोग ख़ुश हैं।

मैं ख़ुशी का विकल्प चुनता हूँ और आप सचमुच ख़ुश हो जायेंगे।

ख़ुशियों के निर्माता कौन ?

ख़ुश या नाख़ुश रहना हमारी मानसिक आदत होती है, जिसे हम विकसित कर सकते हैं। ख़ुश दिल व्यक्ति हमेशा जश्न मनाता है। आप ख़ुश दिल बन जाइए यानी ख़ुश रहने की आदत डाल लीजिए, आपका जीवन एक लम्बा जश्न बन जाएगा। यानी आप ज़िन्दगी के हर दिन, हर पल का आनन्द ले सकेंगे। ख़ुश रहने की आदत से जीवन में ख़ुशियाँ आती हैं और चूँकि आप, हम इस आदत को विकसित कर सकते हैं इसलिए ख़ुशी का निर्माण करने की शक्ति हमारे हाथों में ही होती है।

सकारात्मक रूप से देखने का तड़का लगाएँ

जैसे दृष्टिहीन होने पर व्यक्ति संसार के सौन्दर्य को नहीं देख पाता, उसका आनन्द नहीं ले पाता। उसी प्रकार सकारात्मक दृष्टि न होने पर हम अपार संपदा के होते हुए भी दुःखी रहते हैं, पर जो ज्ञानी हैं यानी जिनकी सोच सकारात्मक है, वे अपार धन सम्पदा के बीच रहकर भी सुखी रहते हैं और फ़क़ीरी में भी आनन्द मग्न रहते हैं।

आपकी ज़िन्दगी की दशा और दिशा बहुत हद तक आपके नज़रिए से तय होती है। आप जब हर चीज़ को नकारात्मक नज़रिए से देखने लगते हैं तो ख़ुशी दूर तक नज़र नहीं आती, लेकिन जब अपने एटीट्यूड के रॉकेट को सकारात्मक दिशा में उड़ाते हैं तो आपको चारों तरफ खुला आसमान और ख़ुशी नज़र आने लगती है, इसलिए अपने एटीट्यूड में खुद को महत्त्वपूर्ण मानते और चीज़ों को सकारात्मक रूप से देखने का तड़का लगाएँ और ज़िन्दगी भर ख़ुशी का उपहार मुफ़्त में पाएँ।

❑

2

ख़ुशी का अर्थ, माप और पासवर्ड

आदमी के लिए सिर्फ हर हाल में ज़िन्दा रहना ही काफी नहीं है। उसका ख़ुश रहना भी ज़रूरी है। उसके होठों और आँखों से प्रसन्नता का टपकना भी ज़रूरी है। जिस ज़िन्दगी को मनुष्य बद से बदतर स्थिति में भी नहीं छोड़ना चाहता उस ज़िन्दगी के स्वाद को लिए बिना आदमी का मर जाना और उल्लासहीन नाख़ुशी का जीवन जीना अभिशाप नहीं तो और क्या है?

मुनिश्री तरुणसागर
क्रान्तिकारी विचारक

मनोवैज्ञानिकों का दावा है कि उन्होंने ख़ुशी के उस रहस्य को खोज लिया है, जिसे खोजने के लिए मनुष्य बहुत ही लम्बे समय से भटक रहा था, परेशान था। उनके अनुसार ख़ुशी का सूत्र जिसे ख़ुशी का पासवर्ड भी कह सकते हैं- ख़ुशी= P+E+H (पी.+ई.+एच.)।

यहाँ P का आशय है-पर्सनल कैरेक्टरिस्टिक, यानी इंसान के व्यक्तिगत लक्षण, जिसमें शामिल है ज़िन्दगी के प्रति रवैया लचीलापन और खुद को हालात के मुताबिक ढालने की क्षमता।

E का आशय है-एक्जिस्टेंस, यानी अस्तित्व जो जुड़ा है सेहत, आर्थिक स्थिति और दोस्तों से और H का मतलब है- हायर ऑर्डर नीड्स यानी आत्मसम्मान, अपेक्षा, महत्त्वाकांक्षा और मुस्कुराने, हँसने-हँसाने की कला।

ख़ुशी का यह सूत्र या पासवर्ड हज़ारों लोगों से बातचीत के बाद बनाया गया है। इस

सूत्र या पासवर्ड को समझने के लिए आप पुस्तक **''ख़ुशी का पासवर्ड आख़िर मिल ही गया''** के प्रत्येक अध्याय को ध्यान से पढ़ें, समझें और निर्देशों पर चलें तो यह पुस्तक जादुई सिद्ध होगी और आपका जीवन ख़ुशी से लबालब हो सकेगा।

ख़ुशी का अर्थ एवं परिभाषाएँ

ख़ुशी की परिभाषाएँ अनेक हैं। हरेक का ख़ुशी मापने का पैमाना भी अलग है। ख़ुशी दो अक्षरों का शब्द है, मगर अपने आपमें यह एक वृहद् विषय है। अक्सर हर एक को शिकायत रहती है, उस ख़ुशी के बारे में जो उनके पास नहीं होती। देखा जाये तो ईश्वर ने प्रकृति के रूप में हमें इतना कुछ दिया है और वह सब आसानी से प्राप्त है, इसलिए हमारा ध्यान उस तरफ नहीं जाता। पेड़-पौधे, हवा, पानी, पृथ्वी, आकाश और पंचतत्त्वों से बना यह मूल्यवान हमारा शरीर और उसकी इन्द्रियाँ वे सभी जब तक सुचारू रूप से काम करती रहती हैं तब हम इनके महत्त्व को नहीं समझ पाते। बड़े होते-होते सीधे-सादे जीवन में ख़ुशी का मोल-भाव होने लगता है जो हमारे पास है वह कम लगता है और दूसरों की ख़ुशी ज़्यादा लगती है।

मन की यह अशांतता बढ़ती जाती है। बढ़ते-बढ़ते यह हमारे स्वभाव की स्वाभाविकता को लील लेती है। हम अपनी ख़ुशी से ख़ुश होना छोड़, दूसरों की ख़ुशियों से नाख़ुश या दुःखी होना प्रारम्भ कर देते हैं। कई बार तो छोटी-छोटी बातें बड़ी होकर हमारी ख़ुशियों पर धावा बोल देती हैं। इसलिए ख़ुशी की परिभाषा बहुत कठिन है।

किसी ने ठीक ही कहा है-

अपनी ख़ुशी की उत्तरपुस्तिका को खुद जाँचिए, लोगों के हिसाब से जाँचेंगे तो फेल ही होते रहेंगे। पैसा, सामाजिक स्थिति, आलीशान घर, बड़ा पद, इनमें से कोई एक चीज़ सही मायनों में ख़ुशियाँ नहीं देगी, क्योंकि असली ख़ुशी आपके भीतर से शुरू होती है।

- प्रो. युवाल नोआह हरारी, बेस्ट सेलर लेखक

ख़ुश रहना एक स्थिति है। एक प्रसन्न मन अच्छे स्वास्थ्य की ओर पहला कदम है। ध्यान रहे कि आप जो हैं वही आकर्षित करते हैं, इसलिए जितना हो सके अपने मन को ख़ुश रखें और अपने विचारों को सकारात्मक।

- रणवीर बरार, सेलिब्रिटी शेफ

आप दूसरों का हाथ थामते हैं, दूसरों को हिम्मत देते हैं तो कहीं न कहीं वही एनर्जी

लौटकर आती है, यही नियम है, ख़ुश होना चाहते हैं या महसूस करना चाहते हैं तो आपको भी किसी के चेहरे पर मुस्कान लेकर आनी होगी।

- एकता सुधीर, इंस्ट्राग्राम इन्फ्ल्यूएंसर

ख़ुशी दुनिया की सबसे बड़ी ताक़त है। उस इंसान की ताक़त और क्षमताएँ दस लोगों के बराबर हो जाती है जिसका दिल ख़ुशी से भरा होता है।

- अल्फ्रेड टेनिसन

असली ख़ुशी वह होती है जो खुद महसूस की जा सके, बिना किसी साथी के, बिना किसी किन्तु-परन्तु के, बिना किसी तर्क के।

- शोलोम अलिकेम

सबसे बड़ी ख़ुशी तब मिलती है जब दुःख का, ना ख़ुशी का कारण पता चलता है।

- पयोदा दोस्तोबस्की

सच्ची ख़ुशी भविष्य पर चिंतित हुए बिना वर्तमान का आनन्द लेने का नाम है।

- सेनेका

जीवन में एक जिज्ञासा की संतुष्टि, ख़ुशी के सबसे बड़े स्रोतों में एक है।

- मार्क ऑरेलियास

आपके जीवन की प्रसन्नता आपके विचारों की गुणवत्ता पर निर्भर करती है।

- जीन पॉल

ख़ुशी आत्म अनुशासन पर निर्भर है। हम खुद अपनी ख़ुशी के लिए सबसे बड़ी बाधाएँ हैं।

- लिनस पॉलिम

इस पल में ख़ुश रहो। यही पल आपका जीवन है।

- डेनिस प्रेगर

ख़ुशी का पैमाना

ख़ुशी एक ऐसी स्थिति है, जिसका आपसे सीधा सम्बन्ध होता है। इस भावना को तब तक कोई नहीं छीन सकता जब तक कि आप अपने व्यवहार को न बदलें। ऐसे में यह जानना ज़रूरी है कि आख़िर हमारे जीवन में ख़ुशियों का पैमाना क्या है? जिस तरह किसी

एक जीवन दूसरे जैसा नहीं है उसी तरह यह पैमाना भी पूरी तरह से अलग है।

ख़ुशी परिस्थितियों पर भी निर्भर करती है। एक बच्चा गुब्बारा खरीदकर ख़ुश था तो दूसरा उसे बेचकर और तीसरा उसे फोड़कर।

दो चम्मच हँसी और चुटकी भर मुस्कान
बस यही खुराक है, ख़ुशी की पहचान

ख़ुशियों के नापने का पैमाना, यदि वृहद कर दें तो हर शै में ख़ुशी नज़र आने लगती है। आज अपने आस-पास ही नज़रें डालकर देखिए, हमें हर छोटे-छोटे परिवर्तन में ख़ुशी नज़र आयेगी, जैसे बगीचे में नया पौधा रोपने पर पहली बार उसमें फूल खिलना। सुबह-सवेरे सूर्योदय को देखना। किसी अनपढ़ को अक्षर ज्ञान कराना। इस वर्ष भरपूर वर्षा का होना, क्या सभी ख़ुशी का कारण नहीं है। बढ़ते प्रदूषण को रोकना या अपने दोस्त से खुलकर ढ़ेर सारी बातें करना क्या ख़ुशी नहीं देता? ख़ुशी को विशाल पैमाने पर देखने की ज़रूरत है। यदि हमारा नज़रिया सकारात्मक हो जाए तो हर परिवर्तन में ख़ुशी नज़र आने लगेगी।

आख़िर ख़ुशी है क्या ?

आप यह ज़रूर जानना चाहेंगे कि क्या है यह ख़ुशी और कैसे इसे हमेशा बनाए रखा जा सकता है? इस प्रश्न के उत्तर में स्कूल कांउसलर और मनोवैज्ञानिक डॉ. गीतिका कपूर कहती हैं- ख़ुशी को यदि आप पार्टी करने, मस्ती-धमाल या शोर-शराबे से जोड़ते हैं तो यह वास्तव में सच नहीं है। यह ख़ुशी का प्रतीक भर है जो हमेशा सच हो यह ज़रूरी नहीं। दरअसल में ख़ुशी एक अच्छे अहसास से कहीं ज़्यादा बड़ी चीज़ है, यह केवल हँसता हुआ चेहरा यानी 'स्माइल' नहीं है।

डॉ. गीतिका कपूर इसे और आगे खूबसूरत तरह से बताती हैं ख़ुशी यानी जब मन प्रफुल्लित होने का अहसास हो। आप कोई ऐसा काम करें जिससे संतुष्टी मिले। आपको लगे कि मैंने वह किया जो मायने रखता है जिसको करने के बाद आत्मसम्मान बढ़े, खुद पर गर्व का अहसास हो। वह अहसास जो आपको उमंग से भर देता है और आपको हरदम बेहतर करने के लिए प्रेरित करता है।

सच्ची ख़ुशी क्या है? जो विक्रमादित्य को न्याय देने में मिली होगी। वही जो युधिष्ठिर को धर्म के पालन में मिलती होगी। वही जो हरिशचन्द्र को सत्य बोलने पर मिलती होगी या फिर न्यूटन को सेब के गिरने पर हुई अनुभूति पर मिली होगी। वही जो शेक्सपियर और कालिदास को अपनी नाट्य रचना को लिखने में मिली होगी।

ख़ुशी भीतर से आती है आत्मा ख़ुश हो जाती है। हृदय प्रसन्न होता है। मन मयूर नाचने लगता है तो हम ख़ुश हो जाते हैं।

ख़ुशी कब मिलती है ?

ख़ुशी पर वर्षों अध्ययन के बाद शोधकर्ता और ट्रावल्स ताई ओह लिखते हैं कि मुझे अभी तक भी इस सवाल का सटीक उत्तर नहीं मिला कि कौन-सी चीज़ आपको ख़ुशी देती है? ताई कहते हैं कि वह इकलौते नहीं, बल्कि दो हजार साल पहले ग्रीक दार्शनिक अच्छी ज़िन्दगी पर चिन्तन करते रहे। यूनानी दार्शनिकों अरस्तू से लेकर एपिकुरस ने ख़ुशी पर अपनी राय रखी। एपिकुरस के अनुसार शान्ति की अवस्था में ख़ुशी मिलती है। शोध एपिकुरस की बात को आगे बढ़ाते हैं और कहते हैं कि जब लोग रोज़ के तनाव से खुद को आज़ाद महसूस करते हैं, तब उन्हें ख़ुशी मिलती है।

मनोविज्ञान के प्रोफेसर बारबरा फ्रेडिक्स यूनिवर्सिटी ऑफ नार्थ कैरोलिना में पढ़ाती हैं। उन्होंने सकारात्मकता पर शोधपरक किताब 'पॉजिटिविटी' लिखी है। वह कहती हैं कि ख़ुशी को सीमाओं में नहीं बाँध सकते। हालाँकि इसे कुछ थ्योरी और कुछ अभ्यास के साथ पा सकते हैं। वह कहती है कि ख़ुशी हमारा अंतिम लक्ष्य नहीं, बल्कि रोज़ का रिज़ॉल्युशन होना चाहिए। बार-बार इसके लिए सकारात्मक विचारों पर ज़ोर देती हैं।

अपनी विशिष्टता को संजोकर रखें

हममें से प्रत्येक व्यक्ति अपने आपमें विशिष्ट है। मैं जो भी हूँ सिर्फ अपने जीवन की परिस्थितियों और अपने उन प्रयासों के कारण हूँ जो मैंने ऐसे बनने की प्रक्रिया में किए हैं। आपको इस विशिष्टता का आनन्द लेना चाहिए, उसके लिए ख़ुशी मनाना चाहिए। आपको कभी भी वैसा दिखने की कोशिश नहीं करना चाहिए जो आप नहीं हैं या किसी अन्य व्यक्ति की तरह होने का दिखावा नहीं करना चाहिए। आप औरों से भिन्न पैदा होने के लिए पैदा हुए हैं। आप केवल 'आप' बनने के लिए ही हैं। समूची दुनिया में कहीं भी और कभी भी। किसी व्यक्ति के मस्तिष्क, मन या आत्मा में ठीक वैसे विचार नहीं आ रहे होंगे, जैसे अभी आपको आ रहे हैं और न ही किसी व्यक्ति की स्थितियाँ वैसी होंगी, जैसी आपके जीवन की हैं। कोई भी व्यक्ति वैसा हंसमुख, प्रसन्नचित्त और ख़ुश नहीं हो सकता, जैसे की आप हैं। इसलिए अपनी विशिष्टताएँ दूसरों के साथ साझा न करें। यदि आपका अस्तित्व समाप्त हो जाता है तो इस सृष्टि में एक छिद्र-सा रह जायेगा, इतिहास में एक खालीपन रह

जाएगा, मानव जाति की उत्पत्ति के लिए बनाई गई योजना में किसी चीज़ का अभाव रह जायेगा। इसलिए अपनी विशिष्टता को संजोकर रखें। यह एक ऐसा उपहार है, जो प्रकृति ने केवल आपको दिया है। दूसरों के काम आएँ।

तेज़ और धीमी गति में सामंजस्य बिठाना एक कला

डॉ. रितु पांडेय शर्मा लेखिका एवं माइंडफुल विशेषज्ञ का कहना है कि आज की तेज़ रफ्तार ज़िन्दगी में कभी-कभी पीछे होने के दुःख से तनाव होना आम बात है। पर प्रकृति में सब कुछ धीमे-धीमे ही होता है, चाहे वह बीज से फल बनना हो या फिर समुद्र के पानी से भाप बनकर उड़ना और बारिश बनकर वापस धरती पर जाना हो। गति में धीमे-से सामंजस्य बिठाना और ख़ुश होकर जीवन जीना एक कला है। धीमे जीवन का अर्थ निष्क्रयता और कम काम करना नहीं, बल्कि सही दिशा में एकाग्र होकर काम करने से है। इससे ख़ुशी ही मिलेगी।

सप्ताह भर की भागदौड़ के बाद आख़िरी दिन मन और शरीर को आराम देने का यह प्रचलित तरीका है। जिसमें मोबाइल या लेपटॉप को न चलाना और खाली रहकर अपने मन की दौड़ की देखना है। सच्ची ख़ुशी के लिए यह खुद से रिदम मिलाने जैसा है।

बहुत ज़रूरी है
ज़िन्दगी में थोड़ा खालीपन
क्योंकि ...
यही वो समय है
जहाँ हमारी मुलाकात
"हमसे" होती है।

लचीले स्वभाव में ही ख़ुशी का सूत्र

अगर हमारे स्वभाव में लचीलापन है, हम खुद को परिस्थितियों के अनुसार ढालना जानते हैं और मुश्किल हालात में बहुत हताश नहीं हो जाते तो यह गुण जीवन में ख़ुश रहने में बहुत काम आता है। एक अध्ययन में पाया गया कि खासतौर पर यह बुजुर्गों के लिए बहुत महत्त्वपूर्ण है। रेजिलियंस या लचीलेपन में मुख्यतः आत्मविश्वास, जीवन-प्रत्याशा, दूसरों को माफ़ करने की क्षमता, उद्देश्यपूर्णता, सामाजिक भागीदारी और जीवन के प्रति सकारात्मक दृष्टिकोण जैसे गुण शामिल होते हैं।

वेब जर्नल साइंटिफिक रिपोर्ट्स में प्रकाशित इस अध्ययन का उद्देश्य विशेषकर बुज़ुर्ग आबादी में लचीलेपन के स्तर और जीवन-संतुष्टि पर सकारात्मक सोच के प्रभाव की जाँच करना था। कई वर्षों तक, कई समूहों पर किए अध्ययन के परिणामों से पता चला कि सकारात्मक सोच ने परीक्षण समूह में लचीलेपन और जीवन-संतुष्टि के औसत स्कोर में काफी वृद्धि की है। यह पाया गया कि लचीलापन व्यक्तिगत भावनाओं और उत्साह को प्रभावित करके सकारात्मक दृष्टिकोण, जीवन संतुष्टि और ख़ुशी की ओर ले जाता है।

नारायण मूर्ति का बेटी के नाम पत्र - सरल चीज़ें ही सबसे ज़्यादा ख़ुशी देती हैं

अक्षता,

मुझसे पूछा जाता है कि मैंने बच्चों को क्या मूल्य सिखाए ? सच कहूँ तो ये जिम्मेदारी मेरे बजाय तुम्हारी माँ ने अधिक निभाई है। उन्होंने तुम्हें और रोहन को सादगी-संयम की शिक्षा केवल शब्दों से ही नहीं, आचरण से भी दी थी।

मुझे याद है बचपन में तुम्हारे एक स्कूल ड्रामे की स्पेशल ड्रेस के लिए हमारे पास पैसे नहीं थे। तब इंफोसिस ने काम शुरू ही किया था। स्कूल के ज़रूरी इवेंट को मिस करना तुम्हें अच्छा नहीं लगा होगा पर इससे तुमने एक ज़रूरी सबक सीखा था- जीवन में आत्मसंयम का महत्त्व। जब हमारे पास ठीक-ठाक पैसे आ गए, तब भी हमारी जीवनशैली सादगी वाली ही बनी रही थी। मुझे याद है एक बार मैं तुम्हारी माँ से बात कर रहा था कि क्या अब हमें बच्चों को कार से स्कूल भेजना चाहिए? पर तुम्हारी माँ ने कहा कि रोहन और तुम क्लासमेट्स के साथ ऑटो रिक्शा से ही स्कूल जाएँगे। तुमने तो रिक्शा अंकल के साथ बहुत अच्छी दोस्ती भी कर ली थी और तुम्हें ऑटो में दूसरे बच्चों के साथ यात्रा करने में बहुत मज़ा आता था।

जीवन में जो सबसे सरल चीज़ें हैं, वे अक़्सर हमें सबसे ज़्यादा ख़ुशी देने वाली भी होती हैं और उनके लिए हमें कोई कीमत भी नहीं चुकाना पड़ती।

टेक केयर माई चाइल्ड, प्यार के साथ, अप्पा।

स्पष्ट है कि जो कुछ भी आपके पास है, उसी में ख़ुश रहें। यदि आप सरल हैं, तो जीवन आसान हो जायेगा, ज़िन्दगी में जितनी ज़्यादा उम्मीदें होंगी निराशा उतनी ही ज़्यादा होगी, क्योंकि भौतिकवादी इच्छाओं का कोई अन्त नहीं।

सरल जीवन की सबक वाली एक कहानी

एक बार एक शहरी चूहा अपने एक ग्रामीण रिश्तेदार से मिलने गया। भोजन के लिए

ग्रामीण चूहे ने सादा भोजन परोसा। शहरी चूहे ने थोड़ा-थोड़ा खाया, लेकिन उसे वह पंसद नहीं आया।

अगले दिन शहरी चूहे ने ग्रामीण चूहे से शहर चलने के लिए कहा। उसने हाँ कर दी। जब वे उस हवेली में पहुँचे, जिसमें शहरी चूहा रहता था, तो उन्होंने भोजन कक्ष में मेज पर बहुत बढ़िया भोजन पाया, लेकिन जैसे ही देहाती चूहा खाने वाला था, हवेली में रहने वालों की पालतू बिल्ली की म्याऊँ सुनाई दी। डरकर चूहे भाग गए और देर तक छिपे रहे। जब वे दावत में वापस आए, तो नौकर मेज साफ करने चले आए।

देहाती चूहे ने सामान उठाया और वहाँ से जाते हुए कहा- तुम्हारे पास स्वादिष्ट भोजन हो सकता है, जो मेरे पास नहीं, लेकिन मैं अपने सादा भोजन और सरल जीवन में ख़ुश हूँ। जीवन सुरक्षा व ख़ुशी भरपूर हो, फिर चाहे सादगी भरा ही क्यों न हो, यह हमेशा बेहतर होता है। इसलिए सरल रहिये ताकि सब आपसे हिलमिल सकें, तरल रहिये ताकि आप सबमें घुल-मिल सकें।

समझ में निहित है सच्ची ख़ुशी- डैन गिलबर्ट, मनोवैज्ञानिक

दो तरह की हैप्पीनेस होती है- नेचरल हैप्पीनेस और सिंथेटिक हैप्पीनेस। स्वाभाविक ख़ुशी हमें तब मिलती है जब हमें वो मिलता है, जो हम चाहते हैं। वहीं कृत्रिम ख़ुशी हमें तब मिलती है, जब हमें जो मिला है, उसे हम पसंद करना सीखते हैं। समाज मानता है कि कृत्रिम ख़ुशी, वास्तविक ख़ुशी की तुलना में कमतर होती है, जबकि सच्चाई यह है कि दोनों ही एक-दूसरे के समान हैं।

इसका यह अर्थ नहीं है कि हमारी कोई पसंद नहीं होनी चाहिए। हमारा जीवन हमारी पंसद से ही परिभाषित होता है, लेकिन समस्या तब आती है, जब लोग अपनी पसंद को अति-मूल्यांकित करने लगते हैं। जब हमारी महत्त्वाकांक्षाएँ सीमित होती हैं तो हम ख़ुशी से काम करते हैं, लेकिन जब वे असीमित होती हैं तो हम झूठ बोलते हैं, धोखा देते हैं, दूसरों को हर्ट करते हैं। हमें बेपरवाह होने के बजाय समझपूर्ण होना चाहिए, क्योंकि उसमें ही सच्ची ख़ुशी निहित है।

सामाजिक फिटनेस से सच्ची ख़ुशी-शोध, हार्वर्ड यूनिवर्सिटी, अमेरिका

विभिन्न क्षेत्र के शोधकर्ताओं ने वैज्ञानिक रूप से यह साबित करने की कोशिश में 85 साल बिताए कि हमें क्या ख़ुशी देता है और उन्हें लगता है कि उन्हें इसका जवाब मिल गया है।

हार्वर्ड के इस अध्ययन में किशोरावस्था से बुढ़ापे तक सैकड़ों लोगों पर ध्यान केन्द्रित किया गया। इस प्रोजेक्ट के दौरान जो बात चौंकाने वाली थी, वह यह थी कि मजबूत और अच्छे सम्बन्धों वाले लोग उनके मुकाबले ज़्यादा ख़ुश, स्वस्थ और लम्बे समय तक जीने वाले पाए गए जिनके पास ऐसे सम्बन्ध नहीं थे, जबकि भौतिक संपदा, शारीरिक स्वास्थ्य या नौकरी की स्थिति लगभग समान थी।

इसमें पाया गया कि सामाजिक फिटनेस यानी मजबूत सम्बन्ध बनाने और बनाए रखने की क्षमता ख़ुशहाल जीवन के लिए अधिक महत्त्वपूर्ण थी, जबकि जीन, सामाजिक वर्ग या आईक्यू अपेक्षाकृत कम मायने रखते हैं।

प्रोजेक्ट के निदेशक डॉ. वाल्डिंगर ने कहा कि व्यक्तिगत सम्बन्ध मूड बूस्टर हैं, जबकि अलगाव मूड बस्टर है। रिपोर्ट में कहा गया कि सामाजिक जुड़ाव स्वस्थ व दीर्घायु जीवन का अभिन्न अंग है। सामाजिक रूप से अलग-थलग रहने वाले वृद्धों में खराब स्वास्थ्य और समय से पहले मृत्यु का जोखिम अधिक होता है। मिलनसारिता एक ऐसा गुण है, जिसके लिए कोई ख़र्च नहीं करना पड़ता, लेकिन इससे होने वाले लाभ अनमोल हैं।

ख़ुशी का होमवर्क करें

कैलिफोर्निया यूनिवर्सिटी में प्रोफेसर सोनजा लियूबोमिस्की कहती हैं कि ख़ुश रहने के लिए अपनी ख़ुशी का होमवर्क करें साप्ताहिक जर्नल या पत्र लिखकर किसी के प्रति कृतज्ञता व्यक्त करें। सप्ताह में एक बार अपने अच्छे भविष्य की कल्पना करें। उदार रवैया रखें और दूसरों के साथ अच्छी तरह पेश आएँ।

ख़ुशी का सम्बन्ध जीवन मूल्यों से भी होता है। भले ही आप कितना ही कमा रहे हैं, लेकिन अगर मूल्यों से समझौता कर रहे हैं, तो आख़िर ख़ुश नहीं रह पाएँगे। द हैपीनेस ट्रेप नाम की पुस्तक के लेखक रूस हेरिस पूछते हैं कि अगर आपको इस धरती पर हर किसी की सराहना और काम की स्वीकृति मिल जाए, तो क्या करेंगे ? अगर पैसे कमाने का तनाव न हो, तब क्या करेंगे? अगर ईमानदारी से इन प्रश्नों के उत्तर दे पाएँगे तो ख़ुशी की वज़ह भी तलाश पाएँगे। हैरिस कहते हैं कि माइण्ड फुलनेश यानी वर्तमान क्षण में मौजूद रहकर उसे जीने का अभ्यास करें। कार्यालय के कामकाज के साथ-साथ रोज़मर्रा के काम में भी इसे आदत में लाएँ।

आप ख़ुश रहें आपके पास ख़ुश रहने के कई कारण हैं -

वर्ल्ड फेडरेशन ऑफ डीफ के अनुसार दुनिया में 7 करोड़ से अधिक लोग सुनने में

सक्षम नहीं हैं। इनमें 80 प्रतिशत लोग विकसित देशों के हैं। ख़ुश रहें, आप सुन सकते हैं।

डब्ल्यू.एच.ओ. की रिपोर्ट के अनुसार दुनिया में लगभग 4 करोड़ लोग दृष्टिहीन हैं। इनमें से 49 प्रतिशत अकेले भारत और चीन में हैं। ख़ुश रहें, आप देख सकते हैं।

ख़ुश रहें आप चल सकते हैं- क्योंकि डब्ल्यू.एच.ओ. के रिपोर्ट के मुताबिक दुनिया में 6 करोड़ से ज़्यादा लोगों के पैर काम नहीं करते। 7.5 करोड़ लोग व्हीलचेयर पर हैं।

वर्ल्ड फूड प्रोग्राम की स्टडी के अनुसार दुनिया में 48 करोड़ लोग खाना न मिलने के कारण मौत के कगार तक पहुँच चुके हैं। ख़ुश रहें आपके पास खाने के लिए भोजन है।

हैलिटेट ऑफ हामेनिटी की रिपोर्ट के मुताबिक दुनिया के लगभग 15 करोड़ लोग बेघर हैं। लगभग 160 करोड़ लोग टूटी-फूटी छतों के नीचे रहने के लिए मजबूर हैं। आप ख़ुश रहें, आपके सिर पर छत है।

यूनेस्को की रिपोर्ट के अनुसार दुनिया में 26 करोड़ बच्चों को स्कूल की पढ़ाई नसीब ही नहीं होती। ख़ुश रहें, आप पढ़-लिख सकते हैं।

ख़ुश रहें, क्योंकि आपके पास परिवार है, क्योंकि यूनिसेफ की रिपोर्ट के अनुसार, दुनिया में 15.3 करोड़ बच्चे अनाथ हैं। 16.8 करोड़ से भी ज़्यादा बच्चों को मजदूरी करके अपना पेट पालना पड़ता है।

वर्ल्ड हेल्थ ऑर्गेनाईजेशन की रिपोर्ट अनुसार, दुनिया में करीब 60 करोड़ लोगों के पास एक जोड़ी जूते भी नहीं हैं। इन लोगों में करीब 30 करोड़ बच्चे हैं।

धरती पर सर्वाधिक ख़ुशी मनुष्य

जर्मनी के एडी जाकू नाम के व्यक्ति ने 100 वर्ष की उम्र में एक पुस्तक- '' पृथ्वी पर सबसे खुश आदमी'' (The happiest Man on Earth) शीर्षक से लिखी पुस्तक में बताया है कि आप ख़ुश रहेंगे या नहीं, ये हालत तय नहीं करते। आपकी ख़ुशी सिर्फ आप पर निर्भर करती है। निम्नांकित 7 मंत्रों से जानिए कि आप किस तरह खुद को ख़ुश रख सकते हैं-

- जब ज़िन्दगी सबसे मुश्किल दौर में होती है तभी चमत्कार होते हैं।
- अपनी कमजोरियों को जीत लें, क्योंकि कमजोरी ही नफरत सिखाती है। नाख़ुशी बढ़ाती है।
- मित्रता आत्मा की सबसे अच्छी दवाई है इसका साथ जीवन में कभी मत छोड़िए।
- अगर आप नैतिकता खो देते हैं तो फिर कुछ नहीं बचता। आप खुद को ही खो बैठते हैं।

- परिवार से बढ़कर कुछ भी नहीं, उसे सर्वाधिक महत्त्व दें।
- ख़ुशहाली बाँटे, जितना संभव हो ज़रूरतमंदों की सहायता करें। देने के बराबर कोई सुख नहीं।
- हालात कैसे भी क्यों न हो, पर स्वास्थ्य से समझौता न करें।

ख़ुश कैसे रहा जा सकता है सीखें श्रीकृष्ण से-

श्रीकृष्ण से कितना कुछ छूटा
पहले माँ छूटी, फिर पिता छूटे
फिर जो नंद-यशोदा मिले, वे भी छूटे
संगी-साथी छूटे राधा भी छूटी
गोकुल छूटा, फिर मथुरा छूटी
श्री कृष्ण से जीवन भर कुछ न कुछ छूटता ही रहा
नहीं छूटा तो देवत्व, मुस्कान और सकारात्मकता
श्रीकृष्ण दुःख नहीं उत्सव के प्रतीक हैं
सब कुछ छूटने पर भी कैसे ख़ुश रहा जा सकता है
श्रीकृष्ण से अच्छा कोई नहीं सिखा सकता

हमेशा ख़ुश रहो और मुस्कराते रहो।

जीवन खूबसूरत है उसे और भी खूबसूरत बनाएँ। कुछ नया करें, कुछ नया सीखें, नया रचें। आख़िर कुछ नया सीखते हुए ही हम भी नए होते हैं। अनुभव बढ़ते हैं, आत्मविश्वास बढ़ता है और यह सब उस एक हाँ से ही आता है जिसे आप किसी नए काम को करने का कहते हैं तो उस हाँ से न बचें, कहें, करके देखें।

3

ख़ुशी की तलाश में भटकता इंसान

खुद से बाहर ख़ुशी की तलाश करना मतलब किसी अंधेरी गुफा में रोशनी का इंतज़ार करने जैसा है। ख़ुशी पूरी तरह अंदरूनी मामला है, यह अगर बाहरी होती तो फिर ये हमेशा ही हमारी पहुँच से बाहर होती।

- बुद्धिष्ट साधु मैथ्यू रिकार्ड

हर कोई ख़ुश रहना चाहता है। धन, आनंद, पद, प्रतिष्ठा, ताक़त की सबको चाहत होती है, लेकिन चाहने और होने में फ़र्क है। हम कष्ट और दुःख से डरते हैं, लेकिन जाने-अंजाने उसी की ओर खिंचे चले जाते हैं। हमारी इच्छाएँ भी अनन्त हैं, पर इस दुनिया और चीज़ों पर नियंत्रण बहुत मामूली-सा है। हम ज़िन्दगी का अच्छा-ख़ासा वक्त बाहरी कारकों के लिए ख़र्च कर देते हैं। स्कूल, कॉलेज, नौकरी/व्यापार, शादी, परिवार लेकिन आंतरिक परिस्थितियों को बेहतर करने का ज़रा-सा भी प्रयास नहीं करते। अपने अंदर झाँकने की यह कला हम सबको सीखना चाहिए।

ख़ुशियाँ आपके दर पर खुद दस्तक नहीं देतीं। यह तो ईश्वर की तरफ से हरेक को दिया गया अनमोल उपहार है। पर अपने भीतर छिपे इस ख़जाने को स्वयं खोजना होगा और इसे खोजने के लिए आपके पास कई उपाय हैं।

ख़ुशियाँ और कहीं नहीं, बल्कि आपके आस-पास ही होती हैं, बस इन्हें तलाशने की आवश्यकता होती है। यदि आप जीवन से संतुष्ट रहेंगे तो छोटी-छोटी चीज़ों में भी ख़ुशियाँ ढूँढ़ लेंगे, लेकिन यदि मन में ही असंतुष्टि का भाव रखेंगे तो दुनिया की तमाम बड़ी से बड़ी चीज़ भी आपको ख़ुश नहीं कर पाएगी।

यह बस नज़रिया की बात होती है, इसलिए नज़रिया हमेशा सकारात्मक रखें, ख़ुशी खुद-ब-खुद चली आयेगी।

ख़ुशी कहाँ छिपी बैठी है ?

एक बार देवताओं ने अपनी सभा में यह निर्णय किया कि ख़ुशी को कहीं ऐसी ज़गह छुपा दिया जाए ताकि उसका पता मनुष्य को आसानी से न लग सके। अन्यथा लोग उसे सरलता से बिना पुरुषार्थ के पा लेंगे और जीवनभर मानवीय गुणों से दूर निष्क्रिय और निकम्मे बने रहेंगे। उन्होंने देखा मनुष्य तो स्वर्ग-नर्क, आकाश-पाताल में भी पहुँच जाता है। यहाँ कहीं पर भी ख़ुशी रखने से वह उसे आसानी से ढूँढ़ लेगा। ऐसा कोई स्थान देखना चाहिए जहाँ पर वह आसानी से पहुँच न पाए। यह सोचकर उन्होंने निर्णय लिया कि कोई और स्थान सुरक्षित नहीं है। केवल एक स्थान है और वह मनुष्य का हृदय, जहाँ अगर ख़ुशी को रख दिया जाए तो मनुष्य आसानी से उसे प्राप्त नहीं कर सकेगा। देवताओं ने मनुष्य के हृदय में ख़ुशी रख दी, लेकिन मनुष्य को यह पता ही नहीं चल रहा है कि ख़ुशी कहाँ छिपी बैठी है और वह उसे ढूँढ़ने के लिए आकाश-पाताल एक कर रहा है।

ख़ुशी के दर्शन कराइए

एक जिज्ञासु व्यक्ति एक संत के पास गया और उसने प्रश्न किया कि सच्ची ख़ुशी क्या है? मुझे उस ख़ुशी के दर्शन कराइए।

संत ने विचार कर कहा- ''सामने तालाब में मगरमच्छ पड़ा हुआ है, उसी से पूछ लो, संभव है कि वही तुम्हारे इस प्रश्न का समाधान कर दे।''

भक्त मगरमच्छ के पास गया और उससे वही प्रश्न किया। मगरमच्छ ने उत्तर दिया- तुम्हारे प्रश्न का उत्तर दूँगा। पहले तुम मुझे पानी पिलाओ, मैं बहुत प्यासा हूँ।

इस बात से भक्त को बड़ा आश्चर्य हुआ उसने कहा- ''तुम विशाल-जलराशि में पड़े हो और कहते हो कि प्यास लगी है। क्या यह तुम्हारा अज्ञान नहीं है?

तब ख़ुशी का रहस्य बताते हुए मगरमच्छ ने कहा-

''तुम अपने अन्दर की ओर दृष्टि करो, बाहर भटकना छोड़ो, तुम अनन्त सागर में पड़े हो, उस ख़ुशी के अनन्त सागर में डुबकी लगाओ और अपने मन की ख़ुशी की प्यास को शांत कर लो। जिज्ञासु व्यक्ति ख़ुशी के रहस्य को भली-भाँति समझ गया।

ख़ुशी अर्जित करना होगी

ईश्वर ने सृष्टि बनायी, पेड़-पौधे, नदियाँ, झरने, पर्वत, पहाड़ बनाये, भाँति-भाँति के पक्षी, जीव-जन्तु बनाये, मनुष्य की रचना की-अब बारी थी उसे पूर्णता प्रदान करने की।

ईश्वर ने घड़े में हाथ डाला और सब कुछ निकालकर मनुष्यों की ओर उछाल दिया। किसी को विवेक बुद्धि ज्ञान मिला, किसी को धन-सम्पत्ति, किसी को बल-ताक़त, किसी को अच्छाई, किसी को बुराई, किसी को धर्म-ईमान, किसी को ऐश्वर्य पद-प्रतिष्ठा।

सब कुछ बाँटकर ईश्वर ने निश्चिंत होते हुये कहा-अब जाओ। संसार चलाओ, अपना काम करो। मगर कोई भी अपनी जगह से नहीं हिला तो उन्होंने पूछा-'और क्या चाहिये तुम्हें? सब कुछ तो दे दिया मैंने।' लोगों ने कहा-'एक चीज़ अभी भी घड़े में है जो आपने नहीं बाँटी है।' वह मैं तुम लोगों को नहीं दे सकता। ईश्वर ने सख़्त आवाज़ में कहा। 'क्यों नहीं दे सकते भगवान?' लोगों ने एक स्वर में पूछा, क्योंकि वह तुम्हें अर्जित करना पड़ेगी ''ख़ुशी'', ईश्वर ने जवाब दिया।

ख़ुशी कहाँ - की खोज में मनोवैज्ञानिकों, विद्वानों के विचार तथा शोधों के निष्कर्ष

हेनरी डरूमेंड - प्रसिद्ध विचारक हेनरी डरूमेंड ने लिखा है-''दुनिया के आधे से अधिक लोग ख़ुशी की खोज ठीक ढ़ंग से नहीं करते। उनके विचार में ख़ुशी दूसरों द्वारा दी गई सुख-सुविधाओं के उपयोग करने में है, जबकि सच्चाई यह है कि ख़ुशी दूसरों को देने में और उनका उपकार करने में ही है।''

स्वेट मार्डेन - प्रसन्नता या ख़ुशी की खोज में व्यस्त व्यक्तियों के लिए स्वेट मार्डेन के ये शब्द गुरुमंत्र की तरह हैं-''प्रसन्नता तो मनुष्य की परछाई की तरह है। हम इसके पीछे जितना भागते हैं, उतनी ही यह हमसे दूर होती जाती है और जैसे ही खड़े रहकर हम अपने आस-पास देखते हैं तो वह हमें अपने पैरों में ही खड़ी मिल जाती है। वस्तुतः प्रसन्नता कोई बाहरी साधनों या परिस्थितियों द्वारा प्राप्त होने वाली चीज़ नहीं है। वह तो हमारे अन्तःकरण में ही है और हमें नित्य उपलब्ध है तथा अपनी मनस्थिति को तदनुकूल बना लेने पर तत्काल उसके दर्शन होते हैं।

ख़ुशी पाने के लिए उचित प्रयास करें-शोध, यूनिवर्सिटी ऑफ ब्रिस्टल यू.के.

इस शोध का शीर्षक था- 'हैप्पीनेस हैक्स'। शोध कहता है ख़ुश रहना मुश्किल नहीं, लेकिन इसके लिए उचित प्रयास करने पड़ते हैं। जीवन में कुछ बुनियादी महत्त्व के ''हैप्पीनेस हैक्स'' हैं, जिनका निरन्तर पालन ज़रूरी है। यह न मान बैठें कि सही दिशा में बिना कोई प्रयास किए आपको वास्तविक ख़ुशी हासिल हो सकती है।

यू.के. स्थित ब्रिस्टल विश्वविद्यालय द्वारा यह 'साइंस ऑफ हैप्पीनेस' कार्यक्रम चलाया गया था, जिसमें मनोविज्ञान के 228 स्नातकों को शामिल किया गया। इसके नतीज़ों के आधार पर सकारात्मक मनोविज्ञान पाठ्यक्रम तैयार किया गया।

इस अध्ययन के संचालक डॉ. ब्रूस हूड ने मुख्यतः सात 'हैप्पीनेस हैक्स' की पहचान की थी। ये हैं:

- उदारता के कार्य करना
- सामाजिक सम्बन्धों को बढ़ाना, जिसमें उन लोगों के साथ भी संवाद शामिल है जिन्हें आप नहीं जानते
- अनुभवों का आनंद लेना
- सकारात्मक घटनाओं और पहलुओं पर ध्यान केन्द्रित करना
- अच्छी बातों के लिए कृतज्ञ महसूस करना और धन्यवाद देना
- शारीरिक रूप से सक्रिय रहना
- माइंडफुलनेस व अन्य ध्यान तकनीकों का पालन करना।

ख़ुश रहने का फ़ैसला

जब आप दुःखी हो, परेशान हो, गुस्सा हो तो खुद से प्रश्न करें कि आख़िर आप दुःखी क्यों हैं? नाराज़ क्यों हैं? गुस्से में क्यों हैं? परेशान क्यों हैं? ख़ुशी एक अन्दरूनी प्रेरणा है। हम सभी को इसे अपने अन्दर खोजना चाहिए। जिस दिन आप ख़ुश रहने का फैसला कर लेंगे उस दिन से आप कभी दुःखी नहीं रहेंगे।

ख़ुशी का ठिकाना कहाँ ?

ऐ 'ख़ुशी' तू कहाँ मिलती है?
क्या तेरा कोई पक्का पता है?
क्यों बन बैठी है अंजानी?
आख़िर क्या है तेरा ठिकाना?
कहाँ-कहाँ ढूँढ़ा तुझको
पर तू न मिली मुझको।

ढूँढ़ा ऊँचे मकानों में
बड़ी-बड़ी दुकानों में
स्वादिष्ट पकवानों में
चोटी के धनवानों में
वो भी मुझको ही ढूँढ़ रहे थे,
बल्कि मुझसे ही पूछ हे थे
क्या आपको कुछ पता है?
ये ख़ुशी आख़िर कहाँ रहती है?

एक दिन जब आवाज़ आई
क्या मुझको ढूँढ़ रहा है भाई?
मैं तेरे अन्दर छिपी हुई हूँ
तेरे ही घर में बसी हुई हूँ
मेरा नहीं है कुछ भी मोल
सिक्कों में न मुझको तौल

मैं बच्चों की मुस्कानों में हूँ
हारमोनियम की तानों में हूँ
पत्नी के साथ चाय पीने में हूँ
परिवार के साथ जीने में हूँ
माँ-बाप के आशीर्वाद में हूँ
रसोई घर के पकवानों में हूँ
बच्चों की सफलता में हूँ

माँ की निश्छल ममता में हूँ
हर पल तेरे साथ रहती हूँ
और अक़्सर तुझसे कहती हूँ
मैं तो हूँ बस एक 'अहसास'
बंद कर दे तू मेरी तलाश।

किसी ने क्या सटीक कहा है-

ख़ुशी मेरी तलाश में दिन-रात
यूँ ही भटकती रही,
कभी उसे मेरा घर न मिला
कभी उसे हम घर न मिले।

ज़िन्दगी में उद्देश्य हो तभी सच्ची ख़ुशी मिलेगी

- मार्क ज़करबर्ग, फेसबुक संस्थापक

सबके लिए ख़ुशी- आनंद की परिभाषा अलग- अलग हो सकती है। वंचितों के लिए दो वक्त का खाना भी ख़ुशी है, तो अमीरों के लिए फन ख़ुशी हो सकता है, लेकिन ये सच्ची ख़ुशी नहीं है। अक़्सर लोग मजे को ख़ुशी मानने की ग़लती कर बैठते हैं, लेकिन वे टिकती नहीं। फेसबुक संस्थापक मार्क ज़करबर्ग कहते हैं कि ज़िन्दगी में उद्देश्य यानी परपज मिल जाये तो ही सच्ची ख़ुशी मिलती है। यह स्थायी भाव है। हार्वर्ड यूनिवर्सिटी में मानद् उपाधि हासिल करते हुए ज़करबर्ग ने सच्ची ख़ुशी और जीवन के उद्देश्यों पर बात की।

अगर आपके जीवन में उद्देश्य की कमी है, तब सफलता हासिल करना भी कुछ मायने नहीं रखता। उद्देश्य के बिना आप खालीपन-सा महसूस करते हैं। जीवन में ग़लत चीज़ों की ओर देखेंगे तो निराशा होगी।

कई लोग ख़ुशी को मज़े से जोड़ लेते हैं। सच्ची ख़ुशी का मतलब है रोज़ कुछ न कुछ सार्थक करने से है। ऐसा काम जो लोगों की मदद करे, ज़िन्दगी में रोज़ फल नहीं मिलता, लेकिन सार्थक काम हम रोज़ कर सकते हैं।

जीवन यात्रा है, मंज़िल नहीं, ख़ुशी हमें ही लाना होगी

हमें वास्तविक शांति और ख़ुशी प्रक्रिया से मिलती है, नतीज़ों से नहीं। हमें यह सोच बदलना होगी कि मंज़िल ही हमारी ख़ुशी है। अगर हम किसी पिकनिक पर जा रहे हैं तो

उसका रास्ता भी उतना ही ख़ुशीदायक होना चाहिए, जितनी पिकनिक होगी। जीवन यात्रा है, मंज़िल नहीं। एक बार हम यह समझने लगे कि जीवन यात्रा है, प्रक्रिया ही सब कुछ है तो हमें शांति महसूस होने लगेगी। यदि हमने प्रक्रिया में शान्ति खोज ली तो वह कभी दूर नहीं जाएगी, लेकिन हम इस स्थिति में पहुँचे कैसे? इसके लिए हमें हम हर कर्म को शान्ति और ख़ुशी के साथ करना होगा।

ख़ुशी एक चाइस है, इसे खोजना पड़ेगा

- हार्वर्ड हेल्थ यू.एस. की एक शोध रिपोर्ट

ख़ुशी एक चॉइस है और हमें इसे खोजना पड़ती है। पॉजिटिव साइकोलॉजी की फील्ड में हार्वर्ड हेल्थ की एक रिसर्च ने तीन ऐसे फिजिकल और भावनात्मक तरीकों के बारे में बताया है, जो आपके जीवन को सही दिशा में ले जाने में सक्षम है। इनमें से आपको ख़ुशी का जो विकल्प सबसे अच्छा या संतोषप्रद लगे, उसे पहले चुने और हर सप्ताह में एक को ट्राय करें। फिर खुद देखें कि क्या आपकी ख़ुशी में इज़ाफा हुआ है या नहीं।

पहली बात बाहर निकलकर सक्रिय जीवन जीएँ। ताज़ी हवा और कसरत हमारे मूड को बेहतर बनाने वाले ताकतवर कॉम्बिनेशन हैं। पैदल चलने, साइकिल चलाने, दौड़ने जैसी एरोबिक गतिविधियाँ हमारे मूड को बूस्ट करने वाले हॉर्मोन्स रिलीज करती हैं जो तनाव को घटाकर हममें वेल-बीइंग का भाव जगाने में समर्थ हैं। साथ ही चलने, तैरने आदि के दौरान हमारी माँसपेशियाँ निरन्तर पैटर्न में काम करती हैं और इससे सेरोटोनिन नामक फीलगुड हॉर्मोन रिलीज होता है। दूसरा, छोटी-छोटी ख़ुशियों को अपनाएँ। अगर कोई छोटी-सी गलती हमारा मूड़ खराब करने में सक्षम है तो इसका उल्टा भी सही है-जीवन के छोटे, सुखदायी पलों का आनंद लेने की क्षमता विकसित करना ख़ुशी में बड़ा योगदान देता है। ख़ुशी के लिए बड़े आयोजनों पर ही निर्भर ना रहें। विकल्प सीमित करें। जब कुछ चुनें तो पीछे लौटकर देखने और 'इसके बजाय क्या हो सकता था' के बारे में सोचने की आदत न डालें।

ख़ुश रहने का फैसला करेंगे, तभी ख़ुशी मिलेगी

बीइंग हैप्पी पुस्तक के विद्वान् लेखक का कहना है कि ख़ुशी दरअसल एक अर्जित कौशल है। एक मानसिक निर्णय है जो लोग हमेशा शिकायत करते रहते हैं, वे जीवन के वास्तविक आनन्द से वंचित रह जाते हैं। जब हम किसी चीज़ को बुरा मानते हैं तो वह

हमारे अनुभव में वास्तव में बुरी लगने लगती है। ख़ुशी वह नहीं है जो तब मिलती है जब सब कुछ आपके अनुसार होता चला जाता है, वह ख़ुशी है, जो तब होती है जब आप ख़ुश रहने का फैसला कर लेते हैं।

ख़ुशी की बुनियाद-संतुलित जीवन शैली

प्रेरक वक्ता और विचारक ज्ञानवत्सल स्वामी का कहना है कि आप ख़ुशी चाहते हैं तो अपने जीवन की बैलेंस शीट संतुलित रखनी है, तो 8+8+8 का नियम बनाएँ। दिन के 24 घंटे के समय को आठ-आठ घंटों के नियम में व्यवस्थित रूप से बँटा होना चाहिए। आठ घंटे अपने पेशे में पूरी तरह ईमानदार, नैतिकतापूर्ण तरीके से कड़ा परिश्रम करते हुए बिताएँ। इसमें अपना सर्वस्व दें। आठ घंटे नींद या आराम में बिताएँ। बाकी बचे हुए आठ घंटे जीवन में सबसे महत्त्वपूर्ण हैं। अगर आप इन घंटों का प्रबंधन नहीं कर पा रहे हैं, तो जीवन हाथ से फिसलता जाएगा और हमें पता भी नहीं चलेगा। वहीं अगर इन आठ घंटों का प्रबंधन कर लिया, तो आपकी जीत पक्की है। इन आठ घंटों को भी हम तीन एफ (फैमिली, फ्रेंड्स और फेथ), तीन एच (हेल्थ, हाइजीन और हॉबी) और तीन एस (सोल, सर्विस और स्माइल) में बाँटते हैं। ये नौ चीज़ें आपके इन बचे हुए आठ घंटों में संतुलित रूप से शामिल होनी चाहिए।

मुगल सम्राट औरंगजेब ने एक बार कहा था, 'सारी जिंदगानी फिजूल गई।' फ्रांसीसी सैन्य जनरल नेपोलियन बोनापार्ट ने कहा था, 'मैंने अपनी ज़िन्दगी में ख़ुशी के छह दिन भी नहीं देखें।' अपनी ज़िन्दगी के 60-70 बरस बिताने के बाद ये कहने की नौबत न आए, इसके लिए जीवन संतुलन का यह विचार याद रखना ज़रूरी है। कभी-कभी हम मजाक में कहते हैं, जब आप इस दुनिया से विदा लेते हैं और आपके बैंक खाते में जितना पैसा बचा होता है, वह अतिरिक्त काम है जो आपको नहीं करना चाहिए था। अमेरिका में ऐसे करोड़पति-अरबपति क्लब शुरू हो गए हैं, जिनके सदस्य बनने के लिए पहले प्रतिज्ञा लेनी पड़ती है कि अपनी सम्पत्ति का 80 फीसदी दान कर देंगे। ऐसे समूहों से हजारों लोग हैं, क्योंकि पैसे की असली ताक़त उसे दान करने में है।

कोका-कोला के पूर्व सीईओ ब्रायन डायसन ने कॉर्पोरेट करिअर में 40 साल बिताने के बाद अपने भाषण में बेहद महत्त्वपूर्ण बातें कहीं थीं। उन्होंने कहा, 'कामकाजी घंटों में पूरी क्षमता और तल्लीनता से काम करें और घर पर समय से पहुँचे।' डायसन ने आगे कहा, 'हम जीवन में पाँच गेंदों को उछालते रहते हैं, जैसे सर्कस में जोकर करता

है। पहली गेंद, कामकाज से सम्बन्धित है। दूसरी गेंद परिवार से जुड़ी है, तीसरी गेंद आपका स्वास्थ्य है, चौथी गेंद आपके दोस्त हैं और पाँचवीं गेंद है आपका उत्साह।' उन्होंने आगे कहा, 'कई सालों तक इन पाँचों गेंदों को उछालते हुए मुझे समझ आया कि कामकाज से सम्बन्धित पहली गेंद रबर की बनी हुई है और शेष सभी चार गेंद (परिवार, दोस्त, स्वास्थ्य और उत्साह) काँच की हैं। अगर कामकाज रूपी रबर की गेंद हाथ से छूट गई, तो यह उछलकर फिर वापस आएगी, क्योंकि काम के अवसर मिलते रहते हैं। काँच की गेंद हाथ से छूटी तो बिखर जाएगी, बिखरी नहीं भी तो क्षतिग्रस्त ज़रूर हो जाएगी। डायसन की बातें जीवन में संतुलन की महत्ता बताती हैं। अपनी ज़िन्दगी का एक तिहाई समय हम सोते हुए बिताते हैं। असल में खुद के साथ बिताया हुआ समय बहुत कम होता है। अगर आप संतुलित जीवन को लेकर सजग नहीं हैं, तो जीवन यूँ ही बिना ख़ुशियों के बिता देंगे।

ख़ुशी मधुरम बयार है, उसे हर पल बहने दो,
जीवन ख़ुशनुमा बहार है उसे मौज से बहार करने दो।

❐

4

सच्ची ख़ुशी का अहसास

ख़ुशी एक ऐसा अहसास है, जिसकी हर किसी को तलाश है। ग़म एक ऐसा अनुभव है जो सबके पास है, पर हरपल ज़िन्दगी वही जीता है, जिसके सामने कोई लक्ष्य है।

- श्रीश्री रविशंकर, आर्ट ऑफ लिविंग के प्रणेता, आध्यात्मिक गुरु

जीवन का उद्देश्य ख़ुश रहना है। पैदा होने के क्षण से ही हर मनुष्य ख़ुश रहना चाहता है और अपने जीवन में किसी तरह का दुःख नहीं चाहता। हमारी सामाजिक स्थिति, शिक्षा और विचारधारा का ख़ुशी पर कोई प्रभाव नहीं पड़ता। हम साधारण स्थिति में साधारण शिक्षा के पास बहुत ख़ुश रह सकते हैं। यह तो मन की अवस्था है। हमारे होने की अवस्था है। अगर हम भीतर की ज़रूरत को देखें तो पाएँगे कि हम संतुष्टि चाहते हैं। हमारा काम अपने जीवन को ख़ुशहाल बनाता है।

इस समय पूरी दुनिया ख़ुशी को ढूँढ़ रही है और ख़ुशहाल रहना चाहती है और उस तक पहुँचने के रास्ते की खोज में है। आख़िर हम ख़ुशी कैसे हासिल करें।

इसके लिए दूसरों की ज़िन्दगी में ख़ुशियाँ भरकर उसे खूबसूरत बनाना ही आपका लक्ष्य हो। भले ही आपकी मदद छोटी-सी हो, मगर वह किसी को ख़ुशी दे सके। यह सबसे ज़्यादा महत्त्वपूर्ण है। यदि आप किसी के चेहरे पर थोड़ी-सी भी मुस्कान ले आएँगे तो यह आपके लिए किसी उपलब्धि से कम नहीं होगी। शायद आपकी यह छोटी-सी कोशिश से किसी को बहुत सारी ख़ुशियाँ मिल सकें। इस सम्बन्ध में कुछ उदाहरण प्रस्तुत हैं-

ऐसे ढूँढ़ीं-ख़ुशियाँ

एक औरत बहुत महँगे कपड़े में अपने मनोचिकित्सक के पास गई और बोली

डॉ. साहब! मुझे लगता है कि मेरा पूरा जीवन बेकार है, उसका कोई अर्थ नहीं है। क्या आप मेरी ख़ुशियाँ ढूँढ़ने में मदद करेंगे ?

मनोचिकित्सक ने एक बूढ़ी औरत को बुलाया जो वहाँ साफ-सफाई का काम करती थी और उस अमीर औरत से बोला- मैं मैरी से तुम्हें यह बताने के लिए कहूँगा कि कैसे उसने अपने जीवन में ख़ुशियाँ ढूँढ़ी। मैं चाहता हूँ कि आप उसे ध्यान से सुनें।

तब उस बूढ़ी औरत ने झाड़ू नीचे रखी और कुर्सी पर बैठ गई व बताने लगी-

मेरे पति की मलेरिया से मृत्यु हो गई और उसके तीन महीने बाद ही मेरे बेटे की भी सड़क दुर्घटना में मौत हो गई। मेरे पास कोई नहीं बचा था। मैं सो नहीं पाती थी, खा नहीं पाती थी, मैंने मुस्कुराना बंद कर दिया था।

मैं खुद का जीवन खत्म करने की तरकीब सोचने लगी थी। तब एक दिन एक छोटा बिल्ली का बच्चा मेरे पीछे लग गया। जब मैं काम से घर आ रही थी। बाहर बहुत ठण्ड थी इसलिए मैंने उस बच्चे को अन्दर आने दिया। उस बिल्ली के बच्चे के लिए थोड़े-से दूध का इंतज़ाम किया और वह सारी प्लेट सफाचट कर गया फिर वह मेरे पैरों से लिपट गया और चाँटने लगा।

उस दिन बहुत महीनों बाद मैं मुस्कुराई। तब मैंने सोचा यदि इस बिल्ली के बच्चे की सहायता करना मुझे ख़ुशी दे सकता है तो हो सकता है कि दूसरों के लिए कुछ करके मुझे और भी ख़ुशी मिले। इसलिए अगले दिन मैं पड़ोसी जो कि बीमार था, के लिए कुछ बिस्कुट बनाकर ले गई।

हर दिन मैं कुछ नया और कुछ ऐसा करती थी, जिससे दूसरों को ख़ुशी मिले और उन्हें ख़ुश देखकर मुझे भी ख़ुशी मिलती थी।

आज मैंने ख़ुशियाँ ढूँढ़ी हैं, दूसरों को ख़ुशी देकर। यह सुनकर वह अमीर औरत रोने लगी। उसके पास वह सब था जो वह पैसे से खरीद सकती थी, लेकिन उसने वह चीज़ खो दी थी जो पैसे से नहीं ख़रीदी जा सकती थी।

मित्रों! हमारा जीवन इस बात पर निर्भर नहीं करता कि हम कितने ख़ुश हैं, अपितु इस बात पर निर्भर करता है कि हमारी वज़ह से कितने लोग ख़ुश हैं। तो आइए आज शुभारम्भ करें इस संकल्प के साथ कि आप भी किसी न किसी की ख़ुशी का कारण बनें।

कलेक्टर की दरियादिली-ख़ुशी का कारण

टी. अन्बाझगन कलेक्टर साहब अपनी नेकनियत और दरियादिली के लिए मशहूर

रहे हैं। इनके बारे में बहुत रोचक किस्से पढ़ने को मिले। 30 अप्रैल 2018 को रिटायर उनके ड्राइवर हो गए, रिटायर होने के पहले अपने ड्राइवर से कहा कि मैं आपकी 33साल की सेवा के बदले सम्मानित करना चाहता हूँ। कलेक्टर साहब ने ड्राइवर के लिए कार चलाई। कार का दरवाज़ा खोल बिठाया और कार से उतरते समय खुद दरवाज़ा खोलकर उसको नीचे उतारा। यह ज़मीन से जुड़ा होने का परिचय है।

एक 80 साल की बुढ़िया माता घर में बिल्कुल अकेली कई दिनों से भूखी, बीमार अवस्था में पड़ी हुई थी। खाना-पीना और ठीक से उठना-बैठना भी दूभर। हर पल भगवान से उठा लेने की फरियाद करती हुई। ख़बर तमिलनाडु के करूर जिले के कलेक्टर टी. अम्बाझमन के कानों में पहुँचती है। दरियादिल यह आई.ए.एस. अफसर पत्नी से खाना बनवाता फिर टिफिन लेकर निकल पड़ता है। वृद्धा चिन्तामाल निकिकेन पट्टी स्थित झोपड़ी में जिस बूढ़ी माता के पास पड़ोस के लोग आँखें फेरे हुए थे। कुछ ही पल में उनकी झोपड़ी के सामने जिले का सबसे रसूकदार अफसर मेहमान के तौर पर खड़ा नज़र आता है। वृद्धा समझ नहीं पाती क्या माज़रा है। डी.एम. कहते हैं- माताजी आपके लिए घर से खाना लाया हूँ, चलिए खाते हैं।

वृद्धा के घर ठीक बर्तन भी नहीं होते तो वह कहती है- साहब हम तो केले के पत्ते पर ही खाते हैं, अतिउत्तम! आज मैं भी केले के पत्ते पर खाऊँगा। किस्सा यहीं ख़त्म नहीं होता, चलते-चलते डी.एम. वृद्धावस्था की पेंशन के कागज़ात सौंपते हैं। कहते हैं कि आपको बैंक तक आने की ज़रूरत नहीं होगी, घर पर ही पेंशन मिलेगी। डी.एम. गाड़ी में बैठकर चले जाते हैं। आँखों में आँसू लिए वृद्धा अवाक रह देखती रह जाती है।

ऐसे अच्छे और ईमानदार लोगों के बारे में आज के ज़माने में सुनने, देखने मिलता है तो दिल ख़ुश, सोच, मन में सकारात्मकता आती है। एक प्रेरणा मिलती है कि आज के समय में भी लोग नेकदिल और अच्छे हैं। इस दुनिया में जो अपने व्यवहार से अपनी नेक नियति समाज और संसार में छाप छोड़ जाता है।

सच्चे सुख का अर्थ समझ में आया

- नाइजीरियाई अरबपति फेमी ओटेडोला

जब एक टेलीफोन साक्षात्कार में नाइजीरियाई अरबपति ओटेडोला से रेडियो प्रस्तोता ने पूछा- सर आपको याद है कि आपको जीवन में सबसे अधिक ख़ुशी कब मिली। फेमी ने कहा- मैं जीवन में ख़ुशी के चार चरणों से गुज़रा हूँ और आख़िरकार मुझे सच्चे सुख का अर्थ समझ में आया।

पहला चरण धन और साधन संचय करना था, लेकिन इस स्तर पर मुझे वह सुख नहीं

मिला जो मैं चाहता था फिर कीमती सामान और वस्तुओं को इकट्ठा करने का दूसरा चरण आया, लेकिन मैंने अनुभव किया कि इस चीज़ का असर भी अस्थायी होता है और कीमती चीज़ों की चमक ज़्यादा देर तक नहीं रहती।

फिर आया बड़ा प्रोजेक्ट मिलने का तीसरा चरण। वह तब था जब नाइजीरिया और अफ्रीका में डीज़ल की आपूर्ति का 95 प्रतिशत भाग मेरे पास था। मैं अफ्रीका और एशिया में सबसे बड़ा पोत मालिक था, लेकिन यहाँ भी मुझे वो ख़ुशी नहीं मिली जिसकी कि मैंने कल्पना की थी।

चौथा चरण वह समय था जब मेरे एक मित्र ने मुझे कुछ विकलांग बच्चों के लिए व्हीलचेयर खरीदने के लिए कहा- लगभग 200 बच्चों की। दोस्त के कहने पर मैंने तुरन्त व्हीलचेयर खरीद ली, लेकिन दोस्त ने ज़िद की, कि मैं उसके साथ जाऊँ और बच्चों को व्हीलचेयर सौंप दूँ। मैं तैयार होकर उसके साथ चल दिया। वहाँ मैंने उन बच्चों को अपने हाथों से व्हीलचेयर दीं। मैंने इन बच्चों के चेहरों पर ख़ुशी की अजीब-सी चमक देखी। मैंने उन सभी को व्हीलचेयर पर बैठे, घूमते और मस्ती करते देखा।

यह ऐसा दृश्य था जैसे- वे किसी पिकनिक स्पॉट पर पहुँच गए हों, जहाँ वे जैकपॉट जीतकर शेयर कर रहे हों।

मुझे अपने अंदर असली ख़ुशी तब महसूस हुई। मैंने जब उस स्थान को छोड़ने का फैसला किया तो बच्चों में से एक ने मेरी टाँग पकड़ ली। मैंने धीरे-से अपने पैरों को छुड़ाने की कोशिश की, लेकिन बच्चे ने मेरे चेहरे को देखा और मेरे पैरों को कसकर पकड़ लिया। मैं झुक गया और बच्चे से पूछा क्या तुम्हें कुछ और चाहिए?

इस पर बच्चे ने जो जवाब दिया उसने मुझे न केवल झकझोर दिया, बलिक जीवन के प्रति मेरे दृष्टिकोण को भी पूरी तरह से बदल दिया। उस बच्चे ने कहा- मैं आपका चेहरा याद रखना चाहता हूँ ताकि मैं आपसे जब स्वर्ग में मिलूँ तो मैं आपको पहचान सकूँ और एक बार फिर आपका धन्यवाद कर सकूँ।

इस कहानी का मर्म यह है कि हम सभी को अपने अन्तर्मन में झाँकना चाहिए और यह मनन अवश्य करना चाहिए कि इस जीवन में ख़ुशी किसमें है और इस जीवन की सांसारिक गतिविधियाँ छोड़ने के बाद आपको किसलिए और क्यों याद किया जाएगा। क्या कोई आपका चेहरा फिर से देखना चाहेगा? यह सब मायने रखता है।

किसी ने ठीक ही कहा है-

जीवन टेस्ट है, ख़ुशियाँ रेस्ट हैं
ज़्यादा सोचना वेस्ट है क्योंकि हम
खुद ही इस संसार में गेस्ट हैं। इसलिए
स्वयं ख़ुश रहें और दूसरों को भी ख़ुश रखें
यही हमारे लिए बेस्ट है।

ख़ुशी का कारण करुणा का भाव

- दलाई लामा

जीवन का एकमात्र उद्देश्य ख़ुशी तलाशना है। किसी व्यक्ति का धर्म में विश्वास हो या न हो, कोई इस धर्म को मानता हो अथवा किसी अन्य धर्म को, हम सब जीवन में कुछ बेहतर तलाश रहे हैं। इसलिए मेरे विचार से हमारा जीवन ख़ुशी की ओर गतिमान है। क्या हम लोगों में से अधिकतर के लिए ख़ुशी एक पर्याप्त लक्ष्य है? हाँ, मुझे लगता है कि मस्तिष्क को प्रशिक्षित करके हम यह ख़ुशी प्राप्त कर सकते हैं। कई लोग अकेलापन महसूस करते हैं, लोगों के साथ रहते हुए भी। कभी-कभी तो हर व्यक्ति को अकेलापन महसूस होता है। मुझे अकेलापन महसूस नहीं होता। मेरे विचार से इसका एक कारण यह है कि मैं हर व्यक्ति को अधिक सकारात्मक नज़रिए से देखता हूँ। मैं उनके सकारात्मक पहलुओं पर ध्यान देता हूँ। ऐसा करने से तत्काल एक लगाव, जुड़ाव स्थापित हो जाता है।

मेरी मूल मान्यता यह है कि आपको सबसे पहले करुणा की उपयोगिता को समझना होगा। एक बार आप यह स्वीकार कर लें कि करुणा का भाव सचमुच बहुत महत्त्वपूर्ण है और इसका सही मूल्य पता लग जाए तो आपके अन्दर इसके प्रति तुरन्त आकर्षण पैदा हो जाएगा और आप इसे विकसित करने के लिए तैयार हो जाएँगे। इसलिए यदि आप नाख़ुशी और अकेलेपन से बचना चाहते हैं तो मेरे विचार अपने मस्तिष्क में सबसे बड़ी ख़ुशी का भाव रखना सबसे अच्छा तरीका है।

स्नेह और अपनेपन का अहसास - सबसे बड़ी ख़ुशी

प्यार और स्नेह भरे स्पर्श से कितनी शक्ति मिलती है, कितनी सुखद अनुभूति होती है, इस बारे में मेरी धर्मपत्नी द्वारा बताई घटना उन्हीं के शब्दों में व्यक्त की जा रही है-

एक दिन मैंने अपने घर में सत्संग रखा, जिसमें मैंने 45 महिलाओं को आमंत्रित किया

था, साथ ही 5 महिलाओं की भजन मण्डली भी बुलाई थी। सभी उपस्थित महिलाओं ने बड़े ही उत्साह से झूमझूम कर भजन गाए, लेकिन उस दिन सत्संग में केवल 25 महिलाएँ ही आयीं। अतः बहुत सारी प्रसाद सामग्री- हलुआ, समोसे, केले, जामफल, नमकीन आदि बच गई। अगले दिन मैंने हलुआ और समोसे गरम किए और अपनी एक सहेली श्रीमती चन्द्रिका ज्ञानी के साथ उन्हें नज़दीक के ही एक मन्दिर में बाँटने गईं। वहाँ बहुत-से वृद्ध बैठे हुए थे, उन्हें देखकर ऐसा लग रहा था मानों उन्हें अपने घर से बेघर कर दिया गया हो। वहाँ बैठे बुज़ुर्गों को प्रसाद बाँटा। घर में जिन समोसे और हलुआ को खाने में सब लोग आनाकानी कर रहे थे, मुँह बना रहे थे। वही चीज़ें उन्होंने ख़ुश होकर चाव से खायीं। एक वृद्ध महिला तो हलुआ और समोसा देख ख़ुश होकर बोली- 'अच्छा आप हमारे लिए हलुआ और समोसा लाए हैं।' मैंने उसके माथे पर प्यार से हाथ फिरा दिया। उसने मुझसे कहा- 'एक काम कर बेटी!'

मैंने मुस्कुराते हुए काम पूछा तो बोली- 'मेरे गाल पर प्यार दो।' मैं थोड़ी सकुचा गई। मेरे मनोभाव समझकर उसने मेरे गाल पर हाथ फेरकर कहा- 'बेटी ऐसे।' उसकी बात मानकर मैंने धीरे-से उसके गाल पर हाथ फेरा, तो वह झूम उठी। बैठे-बैठे ही बच्चों-सा डांस करते हुए अपने साथियों से बोली, 'देखो-देखो मुझे किसी ने प्यार किया है।'

फिर जैसे ही मैं झुकी, उस बुज़ुर्ग महिला ने काँपते हाथों से मेरे सिर पर हाथ रख दिया। उस क्षण मुझे जो अहसास हुआ, उसे शब्दों में इस प्रकार व्यक्त किया जा सकता है- उस बुज़ुर्ग महिला की उंगलियों में तो कोई ताक़त न थी, मगर जब मेरा सिर झुका, तो सिर पर रखे काँपते हाथों ने, ज़माने भर की दौलत और ख़ुशी दे दी।

ख़ुशी बाँटों - ख़ुशी पाओ

एक आदमी ने दुकानदार से पूछा- केले और सेब क्या भाव लगाये हैं? केले 30 रुपये और सेब 120 रु. किलो। उसी समय एक गरीब-सी औरत दुकान में आयी और बोली मुझे एक किलो सेब और एक किलो केले चाहिये। क्या भाव है भैया? दुकानदार बोला केले 10 रु. और सेब 30 रु. किलो। औरत ने कहा जल्दी से दे दीजिये।

दुकान में पहले से मौजूद ग्राहक ने खा जाने वाली निगाहों से घूरकर दुकानदार को देखा। इससे पहले कि वो कुछ कहता- दुकानदार ने ग्राहक को इशारा करते हुये थोड़ा-सा इन्तज़ार करने को कहा।

औरत ख़ुशी-ख़ुशी खरीददारी करके दुकान से निकलते हुए बड़बड़ायी- हे भगवान! तेरा लाख-लाख शुक्र है मेरे बच्चे फलों को खाकर बहुत ख़ुश होंगे। औरत के जाने के बाद

दुकानदार ने पहले से मौजूद ग्राहक की तरफ देखते हुये कहा- ईश्वर गवाह है भाईसाहब मैंने आपको कोई धोखा देने की कोशिश नहीं की। यह विधवा महिला है जो चार अनाथ बच्चों की माँ है। किसी से भी किसी तरह की मदद लेने को तैयार नहीं है। मैंने कई बार कोशिश की है और हर बार नाकामी मिली है। तब मुझे यही तरकीब सूझी है कि जब कभी ये आये तो मैं उसे कम से कम दाम लगाकर चीज़ें दे दूँ। मैं यह चाहता हूँ कि उसका भ्रम बना रहे और उसे लगे कि वह किसी की मोहताज़ नहीं है। मैं इस तरह भगवान के बंदों की पूजा कर लेता हूँ।

थोड़ा रुककर दुकानदार बोला यह औरत हफ़्ते में एक बार आती है। भगवान गवाह है जिस दिन यह आ जाती है उस दिन मेरी बिक्री बढ़ जाती है और उस दिन परमात्मा मुझ पर मेहरबान हो जाता है।

ग्राहक की आँखों में आँसू आ गये, उसने आगे बढ़कर दुकानदार को गले लगा लिया और बिना किसी शिकायत के अपना सौदा खरीदकर ख़ुशी-ख़ुशी चला गया।

कहानी का मर्म- ख़ुशी अगर बाँटना चाहो, तो तरीका भी मिल जाता है।

मेरी ख़ुशी का राज़- परेशानियों को खुद पर हावी नहीं होने देता

एप्पल के को-फाउण्डर स्टीव वोज़नियाक का कहना है कि ज़िन्दगी में ख़ुश रहने के लिए पैसों से ज़्यादा ज़िन्दगी जीने का तरीका मायने रखता है। करोड़ों रुपये सम्पत्ति के मालिक वोज़नियाक से कैलिफोर्निया में एक कार्यक्रम में पूछा गया कि उनके हर वक्त हँसते रहने का राज़ क्या है? इस पर स्टीव ने कहा कि अगर उनके पास इतनी दौलत ना भी होती तो भी वे हँसते रहते। स्टीव ने कहा कि उन्होंने 20 साल की उम्र में ही ख़ुश रहने का तरीका खोज लिया था और ये तरीका है परेशानियों को खुद पर हावी ना होने देना और हर वक्त ख़ुश रहने के बहाने खोजना। ज़िन्दगी में हमारी जबावदेही सिर्फ एक आदमी के प्रति होनी चाहिए-खुद के प्रति। स्टीव की कही बातों के मुख्य अंश-

जब मैं 20 वर्ष का था तभी मैंने ज़िन्दगी में ख़ुश रहने का अपना एक फॉर्मूला बनाया। ख़ुशी का यह फॉर्मूला रहा- मुस्कान से ग़म को हटाओ। बात साफ है कि जब हमारी कार पर स्क्रैच लग जाता हैं तो क्या हम ज़िन्दगीभर उसका ग़म मनाते रहते हैं। हम जल्दी से जल्दी अपनी कार को ठीक कराते हैं और थोड़ी सावधनी के साथ वापस इसकी सवारी का आनंद लेने लगते हैं। ज़िन्दगी भी इसी तरह चलती रहती है। मेरे पास बहुत पैसा है, खुद की बोट है, लेकिन मैं ये सब रखे रहूँ और आज मर जाऊँ तो इतनी दौलत का क्या फायदा? लेकिन मैं अगर अपने दोस्तों के साथ मज़ाक करूँ, परिवार के साथ वक्त बिताऊँ और आज मर जाऊँ तो कोई मलाल नहीं रहेगा। मेरा काम करने का तरीका भी इसी सिद्धान्त पर आधारित है। मैं

दफ़्तर के काम को कभी भी घर लेकर नहीं जाता। यही वज़ह है कि मेरे फोन में आज तक एप्पल स्टॉक ऐप डाउनलोड नहीं है। मैं यह नहीं चाहता कि दोस्तों के साथ बैठकर फोन पर एप्पल के शेयर खरीदता-बेचता रहूँ या टेक्नोलॉजी के बारे में बातचीत करता रहूँ। सच तो यह है कि मैंने और स्टीव जॉब्स ने पैसे कमाने के लिये काम नहीं शुरू किया था। इससे हमें संतुष्टि मिली थी। प्रोडक्ट हिट हुआ तो खुद-ब-खुद पैसा आया। मैं ये तो नहीं कहूँगा कि मुझे कभी चिंता होती ही नहीं, मुझे भी चिंता होती है, लेकिन मैं इसे खुद पर हावी नहीं होने देता और सदैव ख़ुश रहता हूँ।

क्या भगवान की पत्नी है ?

जो किसी की सेवा और सहायता करता है, उसके हृदय में स्वयं भगवान विराजते हैं। जब आप निःस्वार्थ भाव से किसी के लिए कुछ करते हैं, तो आपको आत्मिक शांति मिलती है और अच्छाई में उस व्यक्ति का भरोसा बढ़ता है। इस सम्बन्ध में एक उदाहरण प्रस्तुत है-

एक छोटा बच्चा जूते के शोरूम के बाहर खड़ा डिस्प्ले में रखे जूतों को बड़ी देर से निहार रहा था। वहाँ कई डिजाईनों में झक सफेद से लेकर अलग-अलग रंगों के ढ़ेर सारे जूतों रखे थे। वह कभी किसी जूते को देखता, कुछ सोचता, कुछ बुदबुदाता और कभी दूसरे जूतों को देखने लगता।

अचानक एक महिला उसके पास पहुँची। उसकी उम्र 50-55 वर्ष की रही होगी। चेहरे-मोहरे और पहनावे से वह संभ्रात परिवार की लग रही थी। बच्चे को ध्यान ही नहीं था कि कोई उसके पास खड़ा है, लेकिन जब महिला ने उसके सिर पर हाथ फेरा, तो उसने चौंक कर देखा।

महिला ने पूछा- 'तुम इतने गौर से क्या देख रहे हो?'

बच्चे के मन में जो था, उसने साफ़-साफ़ बता दिया- 'मैं भगवान को मना रहा था कि काश! वह एक जोड़ी जूते मुझे दिला दे।'

उसकी बात सुनकर महिला मुस्कुराई और उसका हाथ पकड़ कर शोरूम के भीतर ले गई। वहाँ उसने बच्चे के माप के 5 जोड़ी मोजे निकालने का आदेश दिया। बच्चे को बड़ा आश्चर्य हो रहा था। फिर उस महिला ने दुकानदार से पानी भरी बाल्टी और तौलिया माँगा। उसके बाद वह बच्चे को लेकर दुकान के पीछे ले गई और साबुन-पानी से उसके पैर अच्छी तरह साफ किए फिर उन्हें तौलिए से सुखाया।

इसके बाद उसने बच्चे को मौजे पहनाए और बाकी मोजे उसके झोले में डाल दिए।

फिर वह उसे लेकर डिस्प्ले के पास में गई और पूछा कि वह किस जूते के लिए कह रहा था। बच्चे ने जिस जूते की ओर इशारा किया, उसने निकलवाकर खुद उसे पहनाया और उसके चेहरे की ओर देखने लगी।

हैरान बच्चे ने उससे पूछा- क्या आप भगवान की पत्नी हैं?

यह सुनकर उस संभ्रात परिवार को पहली बार सच्ची ख़ुशी का अहसास हुआ जिसे शब्दों में व्यक्त करना उससे संभव न हो सका।

किसी ने सच कहा है कि जो व्यक्ति किसी दूसरे के चेहरे पर ख़ुशी लाने की क्षमता रखता है भगवान उसके चेहरे से कभी ख़ुशी कम नहीं होने देते।

एक सुंदर अभिव्यक्ति "एक चिंतन"

किसी ने एक फूल से पूछा- कल तुम मुरझा जाओगे, फिर क्यों मुस्कराते हो? व्यर्थ में यह ताज़गी किसलिए लुटाते हो? फूल चुप रहा, इतने में एक तितली आई, पलभर आनंद लिया, उड़ गई। एक भौंरा आया, गाना सुनाया, सुगन्ध बटोरी और आगे बढ़ गया। एक मधुमक्खी आयी, पल भर भिनभिनाई, पराग समेटा और झूमती-गाती चली गई, खेलते हुए बालक ने स्पर्श सुख लिया, रूप-लावण्य निहारा, मुस्कराया और खेलने लग गया।

तब फूल बोला- मित्र क्षण भर को ही सही मेरे जीवन ने कितनों को सुख दिया, क्या तुमने भी कभी ऐसा किया?

कल की चिन्ता में आज के आनंद में विराम क्यों करूँ?
माटी ने जो रूप, रंग, रस, गंध दिए उसे बदनाम क्यों करूँ?

मैं हँसता हूँ, क्योंकि हँसना मुझे आता है, मैं खिलता हूँ, क्योंकि खिलना मुझे सुहाता है, मैं मुरझा गया तो क्या कल फिर एक नया फूल खिलेगा।

न कभी मुस्कान रुकी है।
न...हीं सुगन्ध।।

जीवन एक सिलसिला है इसी तरह चलेगा। जो आपको मिला है उसमें ख़ुश रहिये और प्रभु का शुक्रिया कीजिये, क्योंकि आप जो जीवन जी रहे हैं वो जीवन कई लोगों ने देखा तक नहीं है।

ख़ुश रहिए, मुस्कराते रहिए और अपनों को भी ख़ुश रखिए।

❑

5

परिवार: ख़ुशी का वटवृक्ष-न करें अनदेखी

आप सबसे मेरा निवेदन है कि अपने परिवार से प्यार करें, उनके साथ समय बिताएँ इस बेशकीमती ख़जाने को बर्बाद न होने दें। खुद से भी प्यार करें।

- स्टीव जॉब्स, एप्पल कम्पनी के संस्थापक की मृत्यु के पूर्व की गई अपील।

हमारी भारतीय संस्कृति ने हमें सिखाया है आधी-आधी रोटी बाँटकर खाना। तभी तो कहते हैं- साझा सुख, सबका सुख। यही साझा सुख सबसे अधिक संतोष प्रदान करता है। सुख-दुःख में साथ निभाना, हारी-बीमारी में तीमारदारी करना। यह साथ ही तो संयुक्त परिवार की प्राणवायु है, जिसमें प्रेम, अपनत्व, सहयोग, सहायता, साझेदारी और सामूहिकता समाहित है।

घर जिसमें परिवार रहता है, को यदि हम वाटिका मान लें तो उसमें प्रेम और स्नेह को पुष्प मानकर चलना पड़ेगा, क्योंकि घर के प्राण तो प्रेम में ही बसे रहते हैं। यह प्रेम ही है जो पति को पत्नी से, सास को बहू से, भाई को भाई से एवं सभी सदस्यों को ख़ुशी-ख़ुशी एक-दूसरे से बाँधे रखता है। प्रेम भाव की सबसे बड़ी विशेषता यह है कि वह अपनी हानि मंजूर करके दूसरों को लाभान्वित करने के लिए आगे बढ़ता जाता है। प्रेम में बदले की भावना नहीं होती है। मतलब यह है कि परिवार में यदि निश्छल प्रेमियों का जमावड़ा है तो यह त्याग और बलिदान के लिए हर समय तैयार रहेगा। प्रेम की डोरी में बँधकर ही कठिनाई के समय एक-दूसरे से सुख प्राप्त कर सकता है अन्यथा नहीं। प्रेम की इस भावना में डूबकर

पिता, पुत्र के लिए, भाई, बहन के लिए, माँ, बेटी के लिए सब कुछ त्याग देते हैं। स्वयं कष्ट उठाकर भी माँ अपनी संतान के सुख की माला जपती रहती है।

पारिवारिक रिश्ते के बारे में किसी ने लिखा है-

बड़े अनमोल हैं ये खून के रिश्ते
इनको तू बेकार न कर।
मेरा हिस्सा भी तू ले मेरे भाई
घर आँगन में दीवार खड़ी न कर।

आप अपने घर की कीमती सामान से कितनी भी सजावट क्यों न कर लें, किन्तु वह सजावट तब तक सुखप्रद न बनेगी। जब तक आप अपने घर को प्रेम, विनय, त्याग और सहनशीलता के गुलदस्तों से न सजा दें।

स्वर्ग और नर्क कहाँ ?

एक संत से किसी ने पूछा- सुख कहाँ है? संत ने उत्तर दिया- जिस घर के लोग परस्पर प्रेम से रहते हों, एक-दूसरे का सहयोग करते हों, किसी के बाहर जाने पर लौटने तक की बाट जोहते हों, किसी की अच्छाइयों में उसकी प्रशंसा करते हों, ज़रूरत पड़ने पर सब एक साथ खड़े हो जाते हों और कभी एक-दूसरे को अकेला महसूस न करने देते हों, एक-दूसरे के लिए सबके सुख-दुःख में प्रिय सम्भाषण होता हो, तो समझ लीजिए सुख का ठिकाना वहीं है।

प्रश्नकर्त्ता ने दूसरा प्रश्न किया- नर्क की क्या पहचान है? उन्होंने कहा- जिस घर के लोग आपस में लड़ते हों, एक-दूसरे से घृणा करते हों, एक-दूसरे की काट करने की कोशिश करते हों, एक-दूसरे को नीचा दिखाने का प्रयास करते हों, एक-दूसरे को अपमानित, तिरस्कृत करते हों और प्रताड़ित करने में पीछे न हटते हों और हमेशा एक-दूसरे के साथ कटुतापूर्ण वचनों का प्रयोग करते हों, तो समझ लेना वही नर्क है।

किसी ने क्या खूब लिखा है-

परिवार नाम है सुख-दुःख की कहानी का,
परिवार राज़ है सदा मुस्कुराने का।
ये कोई पलभर की पहचान नहीं
परिवार नाम है उम्रभर साथ निभाने का।

परिवार ख़ुशी का वटवृक्ष

ब्रह्मा सृष्टि रचते हैं, माता-पिता परिवार। वे सिर्फ जन्म ही नहीं देते, पालते, बढ़ाते-पढ़ाते और संस्कार भी सिखाते हैं। किताबी बातें ही नहीं दुनियादारी का ज्ञान भी देते हैं। सीख देते हैं कि ख़ुशियों को एक पीढ़ी से दूसरी पीढ़ी तक ले जाओ। संस्कारों का यही बीज जटिलताओं से जूझते हुए ज्ञान और ख़ुशी का वटवृक्ष तैयार करता है, फिर ये विसंगति क्यों है? कि जैसे मृग अपनी नाभि के कुण्डल में बसी कस्तूरी भूलकर डगर-डगर भटकता है, हम अपने परिवारों और रिश्तों का सुख छोड़कर चकाचौंध के पीछे भाग रहे हैं। क्या हमने कुलांचें मारना छोड़ पल भर ठहरकर ये सोचा है कि जिन्होंने हमें बाहरी परिवेश में सैर करने योग्य बनाया उन्हें हम किस कदर उपेक्षा के अँधेरे में धकेल आए हैं?

आज परिवार के सभी सदस्यों को कलह, लड़ाई-झगड़े, मन-मुटाव, परस्पर आरोप-प्रत्यारोप, दोषारोपण, मतभेद आदि की विष-बेल ने जकड़ लिया है, जिससे हमारे पारिवारिक जीवन की सुख-समृद्धि, उन्नति प्रगति का मार्ग अवरुद्ध हो गया है। गृहस्थ जीवन की इस दुर्दशा ने व्यक्ति की शक्तियों को नष्टकर उसे पंगु बना दिया है। जीवित रहते हुए भी वह गृह कलह के विष-दंश से पीड़ित होकर निर्जीव-सा बनता जा रहा है। निराशा, उदासी, मानसिक घुटन में रहकर वह कैसे ख़ुश रह सकता है?

घनिष्ठता-आत्मीयता को निरन्तर विकसित करने वाली पारिवारिक भावना ही उन उपलब्धियों का सुख एवं आनन्द ले सकती है, जो परिवार व्यवस्था को मिलते रहे हैं, परन्तु इन दिनों खत्म हो चले हैं। उस भावना के बिना सामूहिक निवास से परिवार की सुवास नहीं आ सकती, द्वेष, दुर्भाव की दुर्गन्ध ही फैलेगी। स्वर्ग सुख की पुनः अनुभूति के लिए स्नेह, सत्कार, उदारता, कृतज्ञता, दायित्वों की आत्मीयता, सद्भाव पर आधारित परिवार भावना ही अपनानी होगी तभी परिवार ख़ुशी का ठिकाना बन सकते हैं।

ख़ुशी की कुँजी हमारे हाथों में

प्रसन्नता की वास्तविक कुँजी हमारे हाथों में है बस ज़रूरत है उसे जानने की। हार्वर्ड यूनिवर्सिटी में हुए एक शोध में यह बात कही गई है कि अधिक समय तक स्वस्थ और प्रसन्न रहने के लिए रिश्तों की मजबूती सबसे बड़ी भूमिका निभाती है। इसमें परिवारजन, दोस्त और जीवनसाथी के साथ सम्बन्ध महत्त्वपूर्ण होते हैं।

इस शोध में पूरे 75 साल तक हार्वर्ड यूनिवर्सिटी में काम चला है और जो बात निकलकर आई वह यह कि मजबूत रिश्ते ही जीवन की ख़ुशहाली या प्रसन्नता का राज़ है।

परिवार से जुड़ाव व्यक्ति को न केवल स्वस्थ बनाता है, बल्कि उसी में उसकी सुखी और ख़ुशहाल ज़िन्दगी छिपी रहती है। शोध में यह भी पाया गया कि जो लोग मजबूत सम्बन्धों से बँधे रहते हैं उन्हें मानसिक अवसाद जैसी बीमारी नहीं होती। इसीलिए रिश्तों को हमेशा ही सहेजने की कोशिश कीजिये। मजबूत रिश्ते लम्बे, प्रसन्नतादायक और सुखी जीवन का भी राज़ होते हैं।

मनोवैज्ञानिकों का कहना है कि आज की बदलती जीवनशैली और प्रतिस्पर्धा के दौर में तनाव तथा अन्य मानसिक समस्याओं से निपटने में परिवार का साथ महत्त्वपूर्ण भूमिका निभाता है। अपनों से मिलकर हम एक-दूसरे से मन की बात कह सकते हैं। बड़ी से बड़ी समस्याओं का समाधान भी आसानी से निकल जाता है। दुःख और मुसीबत के समय अपनों का पास होना ही सबसे बड़ा सहारा होता है और यही सहारा हमें विपरीत परिस्थितियों से लड़ने का साहस देता है और हम दुःख एवं परेशानियों से आसानी से बाहर भी निकल जाते हैं।

परिवार एक अनमोल तोहफा-न करें नज़रअंदाज

- जेमी डायमन

अमेरिका के सबसे बड़े बैंक के सीईओ जेमी डायमन ने एक इंटरव्यू में कहा था कि परिवार को महत्त्व दिए बगैर ज़िन्दगी ग्रेट नहीं बन सकती। मेरी ख़ुशहाल, सफल और तनावरहित ज़िन्दगी का सीक्रेट परिवार को प्राथमिकता देना है। परिवार के बिना अच्छे-बुरे समय में उसके सपोर्ट के बिना कोई बड़ा कार्य नहीं किया जा सकता।

बैंकिंग क्षेत्र में मेरी रुचि अपने दादाजी और पिताजी के कारण हुई। वे दोनों स्टाक ब्रोकर थे। वह पूरी तरह मेरा मार्गदर्शन करते थे। यही कारण है कि मैं हर कार्य बेहतर ढ़ंग से कर पाता हूँ। मैं अपने मित्रों और साथियों को यही सलाह देता हूँ कि कभी भी परिवार को नज़रअंदाज न करें।

क्या आप परिवार में सबके नाम जानते हैं ?

क्या आप अपने संयुक्त परिवार में सबका नाम जानते हैं? दादा-परदादा के नाम याद हैं? एकल परिवारों में हमारे सम्बन्धों का दायरा सिमट रहा है, लेकिन इस विरासत को सहेजना भी ज़रूरी है। क़लम-काग़ज़ उठाएँ और परिवार में सबके बारी-बारी से नाम लिखना शुरू करें। दादा-दादी, नाना-नानी से लेकर उनके पूर्वजों के भी। फैमिली ट्री बनाने के इस काम में घर के बड़ों की मदद लें। इस ऐतिहासिक दस्तावेज की कीमत आपको

बाद में पता चलेगी। स्कॉटलैंड की यूनिवर्सिटी ऑफ स्ट्रैथक्लाइड का अध्ययन बताता है कि इस तरह का अभ्यास करने से बच्चों को पारिवारिक मूल्य मालूम होता है और उनसे ख़ुशी मिलती है।

परिवार से जुड़े होने का एक प्रेरक प्रसंग

दुनिया के सबसे बड़े निवेशकों में से एक वॉरेन बफे का एक जीवन प्रसंग प्रेरक साबित हो सकता है। शादी की 50 वीं सालगिरह पर उन्होंने एक भव्य पार्टी दी थी। इसमें किसी ने उनसे पूछा कि आपकी ख़ुशहाल शादीशुदा ज़िन्दगी का क्या राज़ है? बफे की पत्नी ने जवाब दिया कि हमारी शादीशुदा ज़िन्दगी के 50 साल में एक भी दिन ऐसा नहीं गुज़रा होगा, जब हमने साथ में बैठकर रात में 8 बजे डिनर न किया हो। यही परम्परा बच्चों, नाती-पोतों के साथ भी जारी रखी। मैं आपसे सवाल पूछता हूँ कि आप रोज़ परिवार के साथ बैठकर डिनर करते हैं? वॉरेन बफे की पत्नी ने कहना ज़ारी रखा, एक भी दिन ऐसा नहीं बीता होगा, जब डिनर के बाद हमने आधे घंटे की वॉक साथ में ना की हो। बच्चे होने के बाद एक भी दिन ऐसा नहीं होगा, जब हमने साथ में बैठकर अपने बच्चों को पढ़ाया न हो। आप अपने बच्चों को ट्यूशन भेज रहे हैं, क्योंकि आप ट्यूशन की फीस का खर्च उठा सकते हैं, लेकिन ज़रा सोचिए कि क्या वॉरेन बफे अपने बच्चों, नाती-पोतों की ट्यूशन का ख़र्च नहीं उठा सकते थे?

जब उनसे पूछा गया कि क्यों? तब उन्होंने ज़वाब दिया कि हम अपने बच्चों को पारिवारिक मूल्य सौंपना चाहते थे। बच्चे परिवार की परम्पराओं और संस्कृति से भली-भाँति परिचित होने चाहिए। इसलिए हम अपने परिवार के साथ क्वालिटी और क्वांटिटी टाइम बिताते हैं। यही जीवन की बैलेंस शीट कहलाती है। वॉरेन बफे कहते हैं कि सुबह 9 से शाम 6 बजे तक मैं बिजनेसमैन होता हूँ, शाम 6 बजे से रात के 9 बजे तक फैमिली मेन होता हूँ और रात 9 से 10:30 बजे तक मैं खुद के साथ आध्यात्मिक समय बिताता हूँ। सही अर्थों में यही जीवन संतुलन है। बफे शाम को 6 बजे अपना मोबाइल फोन बंद कर लेते हैं। 7 बजे के आस-पास आपके समय पर सिर्फ परिवार का अधिकार होता है। यह मत सोचिए कि आप पैसा कमाकर परिवार को लग्ज़री दे रहे हैं, इसलिए जिम्मेदारियाँ ज़्यादा हैं। परिवार को समय देना ही आपकी सबसे बड़ी जिम्मेदारी है।

बेटियाँ बुढ़ापे की ख़ुशियाँ

एक प्रचलित कहावत है-'बेटा बुढ़ापे की लाठी होता है।' लेकिन, एक ताज़ा शोध के

मुताबिक बेटियाँ बुढ़ापे की ख़ुशियाँ होती हैं। जर्नल ऑफ हैप्पीनेस स्टडीज में प्रकाशित पेपर 'हैप्पीनेस इन ओल्ड एज : द डॉटर कनेक्शन' के मुताबिक ख़ासकर एशियाई देशों में बेटे का जन्म लोगों को अपार ख़ुशियाँ देता है, लेकिन माता-पिता को असली ख़ुशी बेटियों के साथ रहकर ही मिलती है।

नया शोध मोनाश यूनिवर्सिटी मलेशिया के बिजनेस स्कूल के शोधकर्ताओं ने किया है। इस स्टडी के मुख्य शोधकर्ता और डेवलपमेंट इकोनॉमिक के प्रोफेसर एम.नियाज असदुल्लाह कहते हैं कि 2030 तक एशिया में दुनिया की सबसे बड़ी बुजुर्ग आबादी होगी। तेजी से बूढ़े होते एशियाई समाजों में आमतौर पर माता-पिता बच्चों को बुढ़ापे के सहारे के तौर पर देखते हैं। उनसे बढ़ती उम्र के दौरान मदद की उम्मीद करते हैं। ऐसे में बुढ़ापे में ख़ुशी और बच्चों के जेंडर के बीच सम्बन्धों को जानने के लिए यह शोध किया। इसके नतीज़े बताते हैं कि वृद्ध समाज में बेटियाँ माता-पिता के लिए बेहद मूल्यवान हो सकती हैं। बेटियों के साथ रहने वाली माएँ अच्छा महसूस करती हैं। उनमें यह विश्वास पैदा होता है कि उनकी सेहत लगातार सुधर रही है। दूसरा, लड़कों के साथ रहने वाले माता-पिता की तुलना में बेटियों के साथ रहने वाले माता-पिता कम अकेलापन महसूस करते हैं। तीसरा, बेटी के माता-पिता से अच्छे रिश्ते या बेटी की उच्च शिक्षा के मामले में उनका साथ माता-पिता को भावनात्मक रूप से मजबूत करता है। उनकी चिंताएँ कम करता है। चौथा, यह कि बेटियों का साथ माता-पिता की आर्थिक स्थिति को भी सुधारता है। असदुल्लाह कहते हैं कि हमारे निष्कर्षों में तेज़ी से बूढ़ी होती एशियाई इकोनॉमी के लिए महत्त्वपूर्ण नीतिगत सुधार भी है।

कहाँ छिपी हुई है ख़ुशी ?

नायिका पत्रिका में सीमा भिसे द्वारा प्रकाशित वाट्सएप पर एक वीडियो प्राप्त हुआ। वीडियो कुछ इस प्रकार था- भारत देश का सर्वसामान्य मध्यम वर्ग का संयुक्त परिवार। दादी, बेटे, बहुएँ, पोते, पोतियों की ख़ुशियों से भरा हुआ। एक 20-22 वर्ष का पोता हारमोनियम पर, एक पोता 15-16 वर्ष का घर के दो डिब्बों को लेकर तबले पर, एकपोती दादी के चेहरे के भाव को निहारती हुई, दो बहुएँ घर के सुंदर वातावरण को प्यार भरी नज़रों से देखती हुई। अब बारी है दादी कि, उम्र लगभग 80-81 वर्ष कुर्सी पर शॉल ओढ़े, गाने के लिए तैयार बैठी हैं। हारमोनियम पर जो पोता है, उसने गाना शुरू करने के लिए कहा वन...टू...थ्री। दादी ने गाना शुरू किया, 'कंकरिया मार के जगाया, कल तू मेरे सपने में

आया... बालमाऽऽऽऽ तू बड़ा वो है।' गाना पूरा होता है, अंत में दादी हँसते हुए कहती है ओम शांति, शांति, शांति। और ख़ुशी से सब झूम उठते हैं। हँसता-खेलता परिवार। सुंदर वीडियो, वीडियो लेने वाले को धन्यवाद।

ये तो बात हुई वीडियो की। पर सच में इस तरह के आनंद के लिए किसी वस्तुओं की, पैसे की आवश्यकता नहीं होती है। यह हर एक के पास मौजूद है, बस ज़रूरत है इसे महसूस करने की। न तो इसमें उम्र का कोई बंधन होता है और न ही किसी तरह की तकल्लुफी का...। वैसे तो यह बहुत आसान है, लेकिन कुछ ऐसे लोग भी हैं जो किसी भी स्थिति से संतुष्ट नहीं हो पाते, उनके लिए इस आनंद को पाना कठिन भी है। इसके लिए ज़रूरी है दिमाग में सतत अच्छे विचारों का आते रहना। आपकी सोच सकारात्मक होगी तब जीवन की छोटी-छोटी बातें ख़ुशियों में तब्दील होने में ज़्यादा वक्त नहीं लेगी।

हमारे देश में संयुक्त परिवार पद्धति टूटती जा रही है। इसलिए एक बार फिर ज़रूरत है परिवारों को जुड़ने की।

❐

6

प्रकृति का सान्निध्य घोले ज़िन्दगी में इन्द्रधनुषीय रंग

प्रकृति को गहरे से देखो, फिर आप सब कुछ समझ जाओगे। दुनिया के सारे विचार और आविष्कार प्रकृति से ही जन्में हैं। फिर चाहे गुरुत्वाकर्षण का सिद्धान्त हो या घड़ी हो। दुनिया को समझना है तो प्रकृति से अच्छा शिक्षक और दोस्त कोई नहीं हो सकता।

- अल्बर्ट आइंस्टीन

प्रकृति के नज़दीक आइए। सूर्य की पहली किरण को देखिए। सरसराती हवा को अपने अन्दर समेटिए। फूल-पत्तियों के रंग-रूप को निहारिए। पेड़ों की टहनियों पर लदे फलों को देखिए। पक्षियों की चहक सुनिए। प्रकृति की नेमते इसी धरा पर बरसती हैं। रोज़ सूरज-चाँद खिलते हैं। तारे अनन्त आसमान को रोज़ अपनी चमकीली बूटियों से सजाते हैं। हरे-भरे पेड़, नीले समन्दर, मीठे पानी के कुँए, ताल, नदियाँ, सोने-सी चमकीली धूप चिड़ियों की चहचहाहट यह सब धरती के वरदान हैं। ज़िन्दगी की लाख निराशाओं और भुनभुनाहट को दूर रख कभी-कभी इन वरदानों का स्मरण कर लेना भी इंसान को ज़रूरी है। यह प्रकृति के प्रति कृतज्ञता होगी वरना हमारा जीवन शिकायतों की चिख-चिख में ही डूबता रहेगा।

ओशो ने तो वृक्षों से दोस्ती करने को ही ध्यान कहा है। वे कहते हैं कि वृक्ष बहुत जीवंत और संवेदनशील होते हैं। वे अभी तक आदमी की तरह प्रदूषित नहीं हुए हैं, इसलिए वे आपको बहुत सकारात्मक ऊर्जा प्रदान करते हैं।

वृक्षों से दोस्ती आपके अन्दर एक शांति और संतुष्टि पैदा करती है। वृक्ष आपके अशान्त मन को शान्त करते हैं। महाकवि कालिदास ने तो वृक्षों को मानव के सच्चे मित्र, परिजन तथा संरक्षक के रूप में देखा समझा और चित्रित किया है।

वैज्ञानिकों का ऐसा कहना है कि चारों तरफ हरियाली देखकर मन ख़ुश होता है, साथ ही शरीर में चुस्ती का संचार होता है। अमेरिका में हुए एक शोध के अनुसार हरियाली हमारी कार्य क्षमता को बढ़ाती है। हमारी शारीरिक और मानसिक सेहत दुरूस्त रखती है।

कहते हैं कि ऋषि दत्तात्रेय के 24 गुरु थे। उन्होंने मूलरूप से प्रकृति को ही अपना गुरु बनाया था और उसकी एक-एक वस्तु से उन्होंने एक-एक गुण ग्रहण किया था। पानी से बहते रहना, हवा से जीवन देना, पेड़-पौधों से दान देना मुस्कुराना है...।

जयशंकर प्रसाद ने भी एक ज़गह लिखा है- फूल प्रकृति की उदारता का दान है, उसके सूँघने से हृदय पवित्र होता है, मेघा बढ़ती है और मस्तिष्क प्रफुल्लित होता है।

वृक्ष हमें सकारात्मक ऊर्जा ही प्रदान नहीं करते वे हमें जीवन व्यवहार की सीख भी देते हैं जैसा कि किसी कवि ने कहा है-

फूलों से तुम मुस्कुराना सीखो,
भँवरों से तुम गुनगुनाना
वृक्षों की डाली से सीखो
फल आए झुक जाना।

रवीन्द्रनाथ टैगोर का कहना है कि हमारे देश की कविताओं में प्रकृति प्रेम का जो परिचय मिलता है, वह उन्हें अन्य देशों की कविताओं से अलग करता है। यह प्रकृति का प्रभुत्व नहीं, प्रकृति का उपभोग नहीं, प्रकृति के साथ दोस्ती है।

ख़ुशी और आनन्द का अहसास

प्रकृति के बीच समय बिताने से केवल उतनी ही देर सुकून नहीं मिलता, बल्कि यह एक नैचुरल थैरेपी है। इसका प्रभाव लम्बे समय तक रहता है। इससे तनाव में बहुत फायदा मिलता है।

हाल में हुए एक शोध में प्रकृति के हीलिंग नेचर और तनाव पर फोकस किया गया है, जिसमें यह सिद्ध किया गया है कि प्रकृति हमें तनाव मुक्त ही नहीं करती, बल्कि सुख और आनन्द का अहसास भी कराती है। प्रकृति के बारे में किसी ने क्या खूब कहा है-

फूलों के मधुर मुस्कान में हर्ष
कोयल की मीठी तान में हर्ष
हवाओं के स्पर्श में हर्ष
नदियों के छल-छल में हर्ष
ठण्ड की मीठी धूप में हर्ष
प्रकृति के रूप-सौन्दर्य में हर्ष

जब हम जंगल, समुद्र, नदी किनारे या पहाड़ों पर जाते हैं, फूलों को देखते हैं तो मन कितना आनन्दित हो उठता है। प्रकृति की यह विविधता देखकर हम आश्चर्य से भर जाते हैं। कितने भी दुःखी क्यों न हों घने जंगल, कुदरती बाग में चले जाइए पेड़ के पत्तों के तरह-तरह के हरे रंग देखिए। मन को सुकून मिलेगा। मनोविज्ञान की भाषा में समझें तो पर्यावरण के बीच में जाने पर मस्तिष्क को ताज़गी मिलती है। वही हमारे पैरासिम्पेथेटिक नर्वस सिस्टम (Parasympathetic nervous system) को विश्वास होता है कि कोई आपसे बड़ा और बेहतर है, वह हमारे पक्ष में है। पैरासिम्पेथेटिक सिस्टम हमको शान्त रखता है और ख़ुश रहने के लिए प्रेरित करता है।

यूरोपीय देश डेनमार्क में प्रकृति के बीच खुली हवा में वक्त बिताना भी एक परम्परा है। प्रकृति के प्रति जुनून को डेनमार्क में फ्रीलूफ्टूस्लिव (Friluftsliv) कहते हैं। जिसका अर्थ है खुली हवा में साँसें लेना या खुली हवा में खुलकर जीना। यहाँ एक कहावत है कि खराब मौसम जैसी कोई चीज़ नहीं होती सिर्फ उसके अनुसार कपड़े नहीं होते। इसलिए लोग हर मौसम में बाहर निकल पड़ते हैं।

डेनमार्क में फ्रीलूफ्टूस्लिव को लोकप्रिय बनाने का श्रेय नाटककार और कवि हेनरिक को जाता है। उन्होंने इस शब्द का उपयोग प्रकृति के बीच वक्त बिताने के महत्त्व को दर्शाने के लिए किया था। उन्होंने बताया था कि इससे कैसे शारीरिक और मानसिक सेहत अच्छी रहती है।

डेनमार्क में तो कुछ कम्पनियाँ हर बुधवार को कर्मचारियों को 90 मिनिट काम से मुक्त रखती है ताकि वे प्रकृति के बीच जा सके। कुछ लोग तो बाहर जाने के लिए कर्मचारियों को इंसेटिव तक देती हैं।

प्रकृति के करीब रहने से ख़ुशी मिलती है इसलिए डेनमार्क के अलावा अन्य कई देशों ने अपने कर्मचारियों को जंगल घुमाना शुरू किया है। इससे उनकी कार्यक्षमता में वृद्धि हुई है।

प्रकृति के संग दोस्ती विज्ञान की कसौटी पर

प्रकृति की गोद में जीवन की सारी प्रसन्नता समाई हुई है। अलग-अलग मौसम के साथ प्रकृति ने चारों तरफ रंग-बिरंगी छटा बिखेरी हुई है। ये पेड़-पौधे, नदी, झरने, सुमन, पत्ते, लता, उषा, संध्या, पहाड़, समुद्र सब कुछ संसार की सौन्दर्य वृद्धि के उपकरण हैं। इन सबके बीच खड़ा मनुष्य अपने को तनावमुक्त रखकर प्रसन्नता पा सकता है। प्रकृति के बारे में विभिन्न शोधों ने इस बात को सिद्ध किया है कि प्रकृति की गोद में दिमाग तरोताज़ा रहता है। भले ही हम कितने ही निराशा में हों, मगर प्रकृति के बीच जाकर यह निराशा पल भर में गायब हो जाती है।

कुछ जापानी शोधकर्ताओं ने पता लगाया कि प्रकृति के बीच रहने से शरीर को फायदा पहुँचाने वाले कई परिवर्तन होते हैं। रिसर्चर निप्पॉन मेडिकल स्कूल हॉस्पिटल टोकियों के प्रोफेसर डॉ. किंग ली (Dr. Qing Li) ने पाया है पेड़-पौधे फाइटोनसाइट्स जैसे सुगन्धित कम्पाउण्ड छोड़ते हैं और ये कम्पाउण्ड शरीर में स्वास्थ्यवर्धक परिवर्तन पैदा करते हैं, साथ ही मस्तिष्क में सकारात्मक सोच पैदा कर व्यक्ति को तनावमुक्त कर प्रसन्न रहने में मददगार होते हैं।

मिशिगन यूनिवर्सिटी के एक शोध में प्रकृति के बीच समय बिताने वाले छात्रों ने शहरी वातावरण में पढ़ाई करने वालों की तुलना में परीक्षा में 20 प्रतिशत अच्छे अंक पाए। प्रकृति, नाम याद रखने, बेहतर नोट्स लेने की क्षमता बढ़ाती है। इससे शार्ट टर्म व लॉंग टर्म याददाश्त सुधरती है।

ऑस्ट्रिया की यूनिवर्सिटी ऑफ वियना विश्वविद्यालय के स्वास्थ्य एवं पर्यावरण मनोवैज्ञानिक मैट व्हाइट के अनुसार अगर आप तनाव, मोटापा, हृदय रोग जैसी समस्या से जूझ रहे हैं तो प्रकृति के बीच भ्रमण आपको इनसे राहत दिला सकता है।

फिनलैण्ड में हुए एक अध्ययन के अनुसार प्रकृति के बीच केवल 15 मिनट बिताने से मानसिक रूप से परेशान व्यक्ति को ख़ुशी मिलती है। अगर व्यक्ति अपने को प्राकृतिक वातावरण में सेट करें तो ख़ुशी और जल्दी मिलती है। प्रकृति मन पर सीधे असर डालती है।

प्रकृति आपकी उम्र के साथ होने वाले शारीरिक दर्द को भी कम करती है। एक शोध

में पाया गया कि 70 वर्ष की उम्र में जिन लोगों ने रोज़ कुछ देर बाहर घूमने जाने के नियम का पालन किया उन्हें शरीर दर्द की शिकायत अन्य की तुलना में कम हुई। वे 75 की उम्र के बाद भी बेहतर नींद और स्वास्थ्य का आनन्द लेते रहे।

नॉर्थ कैरोलिना स्टेट यूनिवर्सिटी में हॉर्टिकल्चर साइंस में असिस्टेन्ट प्रोफेसर मेलिंडानथ कहती है- हमारी लार में स्ट्रेस पैदा करने वाले हार्मोन और कार्टिसॉल रहता है। जब हम पेड़-पौधों के पास रहते हैं तब इसमें कमी आ जाती है।

बुलमारिया में महामारी में लॉकडाउन के बीच एक स्टडी में पाया गया। जिन लोगों के घर के भीतर गार्डन था, उन्होंने उन लोगों से कम तनाव और डिप्रेशन महसूस किया जिनके यहाँ ये सब नहीं था।

हाल में हुए एक शोध में प्रकृति की हीलिंग नेचर और तनाव पर फोकस किया गया है, जिसमें यह सिद्ध किया गया कि प्रकृति हमें तनाव मुक्त ही नहीं करती, बल्कि सुख और आनन्द का अहसास भी कराती है। प्रकृति के बारे में वैज्ञानिकों का ऐसा कहना है कि चारों तरफ हरियाली देखकर मन ख़ुश होता है। अमेरिका में हुए एक शोध के अनुसार हरियाली हमारी कार्य क्षमता को बढ़ाती है। हमारी शारीरिक और मानसिक सेहत दुरूस्त रखती है।

डॉ. मैट व्हाइट का कहना है कि जब शरीर तनाव में होता है तो शरीर कार्टिसाल नाम का स्ट्रेस हार्मोन रिलीज करता है जिससे ब्लडप्रेशर और हार्टरेट बढ़ती है। तनाव के अधिक बढ़ने पर व्यक्ति में एंग्जाइटी और अवसाद बढ़ने लगता है जिसका शरीर पर नकारात्मक असर पड़ता है। हृदय रोग और मोटापा जैसी बीमारियाँ होती हैं। प्राकृतिक वातावरण न केवल तनाव को कम करता है, बल्कि मानसिक थकान को भी घटाता है। फलस्वरूप व्यक्ति की शारीरिक और मानसिक सेहत में सुधार होता है।

डॉक्टरों के पर्चे पर दवाईयों की ज़गह प्रकृति का डोज़

प्रकृति का संग कितना अहम है यह बात स्कॉटलैण्ड (यू.के.) के डॉक्टरों के दवाई के पर्चों को देखकर अच्छी तरह समझा जा सकता है। वहाँ चिकित्सक लोगों को सुबह ओस पर नंगे पैर चलने, आकाश के तारे गिनने, बादलों को देखने, पक्षियों का अवलोकन करने और हवा की सरसराहट महसूस करने का परामर्श देते हैं। डॉक्टर दवाईयों की ज़गह प्रकृति का डोज़ लिखकर मरीजों को प्रकृति के साथ समय बिताने की सलाह लिख रहे हैं। उनका मत है कि लोगों का हरियाली के निकट रहना सकारात्मकता लाकर तनाव, अवसाद और दिल की बीमारियों से बचाने में सहायक होता है। उनके अनुसार 90 मिनट तक कुदरत के

समीप रहने पर हम दो दिन तक के लिए निराशा, तनाव और अवसाद जैसी परेशानी को दूर रह सकते हैं। वर्तमान में तो दुनिया भर के 500 स्थानों पर डॉक्टरों द्वारा 'प्रकृति का डोज़' प्रिस्क्राइब किया जाने लगा है।

गुनगुनाते हुए जीवन जीना

तारा पार्कर पोप का कहना है कि हर रोज़ गुनगुनाते हुए आनन्द से जीने का एक उपाय है- हर दिन सुकून के साथ तस्वीर खींचे। जब आप सजग रहकर प्रकृति को महसूस करने लगते हैं, सूर्योदय-सूर्यास्त की तस्वीरें खींचकर ब्रह्माण्ड की विशालता को महसूस करने लगते हैं तो अपने आप कृतज्ञता का भाव आ जाता है। अपने आस-पास उपस्थित लोगों, चीज़ों और प्रकृति को ताज़ातरीन नज़रों से देखें, उन पर ध्यान दें और आभार जताती तस्वीर खींचे, रोज़ाना एक तस्वीर खींचने से सकारात्मकता जागृत होती है।

आप बहते झरने, नदी, समुद्र का संगीत सुनिए। सुबह की शीतल हवा का आनन्द लीजिए। पेड़ों पर छाई डालियों से बात कीजिए। पक्षियों की चहचहाहट सुनिए। इस तरह अपने मन को प्रकृति के पास ले जाइए। फिर देखिए ख़ुशियाँ आपके चेहरे पर अपने आप झलक जायेगी।

किसी ने ठीक ही कहा है-

ठंडी हवाओं के स्पर्श में हर्ष, नदियों के कल-कल में हर्ष।
ठंड की मीठी धूप में हर्ष, प्रकृति के रूप-सौन्दर्य में हर्ष।।

प्रकृति से बातचीत

- मदनमोहन बाहेती छोटू कवि एवं व्यंग्यकार

दुनिया के सुन्दरतम मनोरम दृश्य प्रकृति के दृश्य हैं। पूरा ब्रह्माण्ड ही प्रकृति की अद्भुत रचना है। प्रकृति हर ज़गह है बस उसे देखने के लिए आँखें चाहिए, महसूस करने के लिए सरल हृदय चाहिए और जब कोमल भावनाओं से हम इसे निहारते हैं तो यही सुन्दरता हमारी आँखों में आ जाती है और फिर प्रकृति का हर दृश्य हमारे बातचीत का कारण बनता है।

आज सवेरे, प्रातः प्रातः
मैंने प्रकृति से करी बात
कोयल को कूकी, मैं भी कुहका

चिड़िया चहकी, मैं भी चहका
कलियाँ चटकी और फूल खिले
वे भी महके, मैं भी महका
बादल से जब सूरज झाँका
तो मैंने भी उसको ताका
किरणें चमकीं, मैं भी चमका
फिर की प्रकाश से मुलाकात
मैंने प्रकृति से करी बात।

मूक प्राणियों से सीखें प्रकृति के सान्निध्य में रहना

प्रकृति के सान्निध्य में मानवेत्तर प्रत्येक प्राणी अपने जीवन का भरपूर आनन्द लेता हुआ जी रहा है। गोधुली की बेला में गिलहरियाँ नटों की तरह हवाई कौशल प्रस्तुत करती हैं। उन्हें न तो रात्रि के अँधकार का डर होता है और न ही कल की चिन्ता। भेड़ियों के जंगल में मयूर मस्ती से नाच रहे हैं, सिंहों की घाटों में हिरन मस्ती से चौकड़ी भर रहे हैं। साँपों से भरी झाड़ियों में झिंगुरों की तान छेड़ी है। सपेरे की पिटारी में बन्द साँप बीन के सुरों पर नाच रहा है। कसाई के घर जाता बकरा मजे से नीम की पत्तियाँ चबाता उछलता, कूदता आगे बढ़ रहा है।

मानव पशु-पक्षियों से बुद्धिमान है। सामर्थ्यवान और ईश्वर से सर्वाधिक अनुदान प्राप्त भी है। नन्हें-नन्हें जीवों को सीमित सामर्थ्य मिला हुआ है। अपने सीमित क्षेत्र से सीमित साधनों के सहारे वे असीम आनन्द का अनुभव करते हुए जी रहे हैं, किन्तु मनुष्य के लिए इससे बढ़कर दुर्भाग्यपूर्ण बात क्या हो सकती है कि उसे जीवन जीना और जीवन का आनन्द लेना ना आ सका। कारण खोजने पर पता चलता है कि उसने बेवजह भागम-भाग भरी जीवन शैली के कारण, प्रकृति से दूरी बढ़ाता जा रहा है। भौतिक सुख-सुविधाओं से भरपूर जो दुनिया बसा ली है, उसमें प्रकृति से जुड़ाव का भाव नदारद है। इसका नतीज़ा है कि मनुष्य का खुद अपने जीवन से जुड़ाव कम हुआ है और जीवन चक्र चिन्ताओं, आशंकाओं तनाव और भुनभुनाहट से भर गया है, जबकि मूक प्राणी मूक रूप से कह रहे हैं प्रेरणा दे रहे हैं कि हे! मानव तुम जीवन का आनन्द लूटना सीखो, बिना किसी तनाव और निराशा के जीना सीखो।

प्रकृति के साथ के बिना हमारा जीवन गुणवत्तापूर्ण नहीं हो सकता, क्योंकि प्रकृति का हर रंग हमें स्वयं से जोड़ता है। जिस तरह मौसम में, प्रकृति में बदलाव होता है, उसी तरह हमारे शरीर और मन-मस्तिष्क में भी बदलाव होता है। इसलिए कुदरत के बदलावों को जानने के लिए कुछ पल ठहरकर आनन्द लेना होता है, उसी तरह अपने भीतर आ रहे बदलावों को समझने के लिए भी खुद के भीतर झाँकने की ज़रूरत होती है। प्रकृति का साथ हमें यह बखूबी समझाता और सिखाता है। प्रकृति हर परिस्थिति के लिए स्वयं को तैयार रहने का संदेश देती है।

उजली धूप और हरियाली धरती के इस रूप में हर रंग के रंग-बिरंगे फूल खिले रहते हैं। प्रकृति की यह सौम्यता उत्साहित एवं उल्लासित करती है, लेकिन आज की भागमभाग भरी ज़िन्दगी में हम वसंत तक से मिल ही नहीं पाते। शहरों की बहुमंज़िली इमारतों और थका देने वाली जीवन शैली में साल में एक बार आने वाला प्रकृति का खूबसूरत पड़ाव हम देख भी नहीं पाते। इसलिए कोशिश करें कि इस मौसम में खुद के लिए कुछ समय निकालें। पार्क में जाएँ, प्रकृति से जुड़ें गुनगुनी धूप का आनन्द लें। चटक रंग के फूलों की मुस्कराहट देखें, पेड़ों पर फूटती हुई नई कोपलों में जीवन की उम्मीदों की पदचाप सुनें। कुदरत के ये रंग आपके मन को भी नया इन्द्रधनुष रखने की उमंग देंगे। तो फिर खो जाइए प्रकृति की इस सुन्दरता में और बनाइए अपने को ख़ुशमिजाज।

रवीन्द्रनाथ टैगोर ने कहा है-

हमें धरती पर ज़िन्दगी ख़ुशी जीवन जीने के लिए ईश्वर के बहुमूल्य और कीमती उपहार के रूप में मिली है। प्रकृति का साथ दिमाग, शरीर और आत्मा को ऊर्जावान बनाए रखने का स्रोत है। नैराश्य तनाव और अवसाद भरी जीवन शैली में आज सकारात्मक ऊर्जा की ज़रूरत, हर उम्र, हर वर्ग के लोगों को है।

किसी विद्वान् का यह कथन कितना सटीक है- ''प्रकृति जीवन्त है, जीवन है, प्रकृति के करीब रहेंगे तो नैराश्य के भाव घर नहीं करेंगे और आप अपने को हमेशा तनावमुक्त महसूस कर ख़ुशी से जीवन जी सकेंगे।''

मैं हूँ प्रकृति के कण-कण में

- डॉ. द्वारकादास बाहेती, आध्यात्मिक गुरु

तुम मुझे क्यों ढूँढ़ते फिर रहे हो,
आश्रमों में, मंदिरों में,
मठाधीश स्वामियों में,
स्वयंभू धर्म के आचार्यों में ?
मैं नहीं रहता,
इन दम घुटाऊ दड़बों में
तुम मुझे देखना चाहते हो,
तो देखो मुझे
मंद-मंद चलती शीतल हवाओं में,
पत्तों की सरसराहट में,
फूलों की ख़ुशबू में,
पहाड़ों की ऊँचाइयों में,
बारिश की झिलमिल में,
नदियों की कलकल व
झरनों की छलछल में,
सागर की अठखेलियाँ करती,
उत्तंग लहरों में,
गगन की नीलिमा में,
झिलमिलाते सितारों में,
चंदा की चाँदनी में,
नाचते- ग ा ते

हरियाली में ख़ुशहाली

अगर आप चाहते हैं कि आप और आपका परिवार हमेशा ख़ुश रहे तो आपको न केवल घर के अन्दर, बल्कि घर के आस-पास भी पेड़-पौधे लगाने चाहिए। ऐसा करने से आप वाकई में ख़ुशियों के नज़दीक रहेंगे। यह कहना है ब्रिटेन के वैज्ञानिकों का। वैज्ञानिकों का कहना है कि कई अध्ययनों से पता चला है कि जो लोग हरियाली के करीब रहते हैं वे

अन्य लोगों की तुलना में अधिक प्रसन्न रहते हैं। इसका कारण यह है कि हरे-भरे पेड़-पौधे देखने से हमारे मस्तिष्क में मौजूद सेरोटोनिन और डोपामाइन नामक न्यूरोकेमिकल्स का स्राव तेजी से होता है। इन केमिकल्स के तेजी से सिक्रीशन होने के कारण हमें सुखानुभूति होती है।

एक अन्य अध्ययन के अनुसार भी घर के आस-पास मौजूद पेड़-पौधे न केवल वातावरण को सुन्दर बनाते हैं, बल्कि उनके बीच रहने वाले व्यक्ति ज्यादा ख़ुशमिजाज़ रहते हैं। यूरोपियन सेंटर फॉर एनवायरनमेंट द्वारा ब्रिटेन में किए अध्ययन के बाद यह तथ्य सामने आया है। इस अध्ययन के लिए करीब एक हजार लोगों से बात की गई। बातचीत से पता चला कि जिनके घरों के आस-पास जितनी अधिक हरियाली थी, वहाँ रहने वाले लोग उतने ही ज्यादा ख़ुश थे। अध्ययन के अनुसार मनुष्य की मनोदशा पर भी पड़ता है। अध्ययनकर्ताओं का कहना है कि लोगों के मानसिक स्वास्थ्य को ध्यान में रखते हुए शहरों में हरे-भरे क्षेत्र बनाए रखना ज़रूरी है।

❐

7

खुद के लिए जीए, तो क्या जीए

किसी के काम जो आए उसे इंसान कहते हैं। पराया दर्द अपनाए उसे इंसान कहते हैं। यों तो भरने को दुनिया में पशु भी पेट भरते हैं, जो बन्दा बाँटकर खाए उसे इंसान कहते हैं।

- कवि विठल दैमा

जो मनुष्य परोपकार की भावना का अपने जीवन में समावेश करता है, वही सच्चे अर्थों में मनुष्य है। सिर्फ अपने लिए जीना, स्वयं अपने लिए सोचना, स्वयं की आवश्यकताओं की पूर्ति में लीन रहना मनुष्य होना नहीं है। मानव योनि का एक सर्वश्रेष्ठ गुण यह है कि वह लोगों के सुख-दुःख में उनका साथ दे सकता है। दूसरे के दुःखों को दूर करने का एक छोटा-सा प्रयास भी आपके अथाह सुख का कारण बनता है। इसलिए परहित के बारे में सोचना स्वहित से भी कहीं-न-कहीं जोड़ता है।

किसी की सेवा, मदद और परोपकार से जो सुख मिलता है, वह गहरा और सच्चा होता है। उससे ख़ुशी ही नहीं मानसिक शान्ति भी मिलती है, जो कि एक दुर्लभ अहसास है। जिसकी सभी को तलाश रहती है। शायद इसीलिए परोपकार को धर्म में शामिल किया गया है। दूसरों की मदद करके आपको जो सुख मिलता है, वह न कोरा दार्शनिक कथन है, न ही नैतिक शिक्षा का कोरा पाठ। इसका अपना विज्ञान भी है। जब आप किसी की सहायता करते हैं, तो आपके भीतर मनोतृप्ति वाले हार्मोन स्रावित होने लगते हैं। जो आपमें सुख का संचार करते हैं।

खुद पर खर्च करने की बजाए दूसरों पर खर्च करने से ज्यादा ख़ुशी मिलती है। यह

निष्कर्ष है ब्रिटिश कोलंबिया यूनिवर्सिटी और हार्वर्ड बिजनेस स्कूल के प्रोफेसरों द्वारा किए अध्ययन का। यह स्टडी कनाडा, दक्षिण अफ्रीका और भारत में की गई थी। इसके अलावा 136 अन्य देशों से प्राप्त डेटा का विश्लेषण भी किया गया। शोधकर्ता कोलंबिया यूनिवर्सिटी की साइकोलॉजी विभाग की प्रोफेसर एलिजाबेथ इन और हार्वर्ड की मार्केटिंग के प्रोफेसर माइकिल नोटोन के मुताबिक गरीब इलाकों में स्टडी में भाग लेने वाले कई भागीदारों ने बताया कि हमें अपनी जरूरतों को पूरी करने में दिक्कत आती है, लेकिन खुद की बजाय हम दूसरों पर पैसा खर्च करते हैं, तो ज्यादा ख़ुशी महसूस होती है। दोनों शोधकर्ताओं ने पाया कि यह पूरी मानव प्रजाति का मनोवैज्ञानिक गुण है।

ख़ुशियाँ बटोरें नहीं, बाँटे भी

मनुष्य के जीवन में अधिकांश समस्याओं का कारण स्वार्थ है। यह मनुष्य को असंवदेनशील लोभी और समाज विरोधी बनने पर मजबूर करता है। मनुष्य तन के लिए भौतिक सुख खोजता है, लेकिन अपने मन को बेचैन रखता है। इसके कारण उसका जीवन नरक बन जाता है। स्वार्थ अन्ततः दुःख ही देता है। स्वार्थ से छुटकारा पाने के बजाय इस पर नियंत्रण आवश्यक है। स्वार्थ की सीमा तय नहीं की जा सकती, किन्तु परमार्थ के माध्यम से इसके कुप्रभाव को कम कर सकते हैं। यदि आप अपने बारे में दिन भर सोचते हैं तो दूसरों के लिए भी थोड़ा समय निकालें। अपने साथ जरूरतमंदों पर भी पैसा खर्च करें। अपने लिए भगवान से रोज़ कुछ-न-कुछ माँगते हैं, तो किसी दिन दीन-दुखियों के लिए भी दुआओं का प्रार्थना पत्र लगाएँ। ख़ुशियाँ बटोरने से नहीं, अपितु बाँटने से बढ़ती हैं। स्वार्थ से जो ख़ुशी मिलती है, वह क्षणिक होती है। परमार्थ से पाई ख़ुशी मन की गहराई तक जाती है, उसे लम्बे समय तक महसूस कर सकते हैं।

मानव सेवा से जो आत्मिक सुख प्राप्त होता है वह अवर्णनीय है। इस सुखद अनुभूति को केवल महसूस किया जा सकता है। मानव सेवा का अवसर ईश्वर की ओर से इंसान को एक अनमोल उपहार है।

आप किसी को कुछ दें या उसका किसी प्रकार उपकार करें तो बदले में किसी प्रकार की आशा न रखें। जो कुछ आप देंगे, वह हज़ार गुना लौटकर आयेगा, परन्तु उसके लौटने की तिथि नहीं गिनना चाहिए। अपने में देने की शक्ति रखिए, देते चलिए, क्योंकि देकर ही फल प्राप्त कर सकेंगे। जो कुछ हम दूसरों को देते हैं, हमारी रक्षित पूँजी की तरह जमा हो जाता है। जो अपनी रोटी दूसरों को बाँट कर खाता है, उसको किसी बात की कमी नहीं

रहती। जो अपनी सम्पत्ति को जोड़-जोड़ कर जमा ही करता रहता है, उस पाषाण हृदय को क्या मालूम कि दान में कितना सुख है।

ख़ुशियाँ बाँटों - ख़ुशियाँ पाओ

आठवीं सदी के नालंदा विश्वविद्यालय के विद्वान शांतिदेव ने कहा था- 'दुनिया में जो भी ख़ुशी मौजूद है वह दूसरों के लिये ख़ुशी लाने के प्रयासों, उसकी कामना से आयी है, जबकि दुनिया में जो दुश्वारियाँ हैं वे खुद के लिए सुख पाने की कामना से पैदा हुई हैं। इसी प्राचीन विद्वान की सूक्ति की पुष्टि आधुनिक जीव विज्ञान भी करता है। मार्निया रॉबिन्सन की किताब 'क्यूपिड्स पॉइजेन्ड एरो' के अनुसार खुद की ख़ुशी के लिए जब हम कुछ करते हैं तो डोपामाइन हार्मोन निकलता है। यह हार्मोन क्रेविंग यानी किसी चीज़ की तीव्र इच्छा तो पैदा करता जाता है, संतुष्टि नहीं देता। एक इच्छा पूरी हो तो यह दूसरी इच्छा पैदा करता है। इसका स्तर बहुत ज़्यादा हो जाता है तो व्यक्ति डिप्रेशन में चला जाता है। डोपामाइन को संतुलित करने और प्रेम की भावना पैदा करने वाला हार्मोन है आक्सीटोसिन। यह तनाव दूर कर रोग प्रतिरोधक क्षमता मजबूत करता है, हमें दूसरों की परवाह करने वाला निःस्वार्थी, दयालु और प्रेमपूर्ण बनाता है। बिना माँगे देने, आँखों में देखकर मुस्कुराने, गौर से किसी की बात सुनने और अहसास मानने से यह हार्मोन पैदा होता है और इस हार्मोन से ये सकारात्मक प्रवृत्तियाँ पैदा होती हैं जो हमें ख़ुशी का अहसास कराती हैं।

हम जितना अधिक देंगे, उससे अधिक पाएँगे

रॉबिन शर्मा बताते हैं कि संसार का न्यायसंगत 'अकाउंटिंग सिस्टम' कहता है 'द मोर यू गिव, मोर यू विल रिसीव' अर्थात हम जितना अधिक देंगे, उससे अधिक पाएँगे। जीवन में सुख का रहस्य बताते हुए वे लिखते हैं कि सुख यात्रा है पड़ाव नहीं और इसका हमारे बैंक बैलेंस और मकान के आकार से कुछ भी लेना-देना नहीं है। हमारे विचारों की गुणवत्ता हमारे जीवन की गुणवत्ता तय करती है।

जॉन रॉकफेलर अमेरिका के बहुत बड़े उद्योगपति और दानवीर थे। उन्होंने कहा था, 'मैंने इतना पैसा इसलिए कमाया, क्योंकि मुझमें लोगों की मदद करने का जज़्बा था। मैंने लोगों को दिया, इसलिए मुझे मिला। यदि मैं सही तरह से पैसा दान करना बंद कर दूँ, तो ईश्वर मुझसे पैसा वापस ले लेंगे।'

अतः हमें मूर्धन्य मनीषी जॉन हाल के इस कथन को हमेशा याद रखना चाहिए- 'अपने

साधनों के अनुरूप दान करो अन्यथा ईश्वर तुम्हारे दान के अनुरूप तुम्हारे साधन बना देगा।'

उल्लेखनीय उद्योगपति दानदाता

अमीर उद्योगपति, व्यवसायी, सम्पत्तिवान भी इस बात को अच्छी तरह महसूस कर चुके हैं कि केवल धन या सम्पत्ति अर्जित करने से ही ख़ुशी नहीं मिलती, ख़ुशी पाने के लिए अर्जित धन या सम्पत्ति को परोपकारी कार्य हेतु बाँटना ज़रूरी है तभी सच्ची ख़ुशी पायी जा सकती है।

कुछेक परोपकारी उद्योगपतियों का विवरण दिया जा रहा है- हुरुन इंडिया की लिस्ट में एचसीएल टेक के शिव नाडर 5 साल में तीसरी बार टॉप परोपकारी रहे। 2023-24 में शिव नाडर फाउंडेशन ने 2153 करोड़ रुपये दान किए। 407 करोड़ के साथ रिलायंस फाउण्डेशन दूसरे और 352 करोड़ के साथ बजाज ग्रुप ट्रस्ट तीसरे स्थान पर रहा। जीरोधा के निखिल कामत (38) देश के सबसे युवा परोपकारी बन गए हैं। कुमार मंगलम बिड़ला ने 334 करोड़ रुपये का दान किया है और ये चौथे नम्बर पर हैं। गौतम अड़ानी ने 330 करोड़ रुपये का दान दिया है। लिस्ट के अनुसार एचसीएल के फाउंडर शिव नाडर ने वित्त वर्ष 2023 की तुलना में 5 फीसदी ज़्यादा सम्पति दान की है।

बाँटना है तो जीते जी बाँटों

एक गाँव में एक धनाढ्य सेठ था। उसकी अधिक से अधिक धन कमाने की लालसा बनी रहती थी। वह बहुत दुःखी रहता था। दुःख का कारण था उसका एकाकीपन। गाँव वाले उससे बहुत नफरत करते थे। एक दिन उसने गाँव वालों से कहा-

तुम मुझसे इतनी जलन क्यों करते हो? मुझसे इतनी नफरत क्यों करते हो? तुम मेरे धन प्रेम का करण भी नहीं जानते, ईश्वर ही मेरे मन की बात जानता है। मेरे तो आगे-पीछे भी कोई नहीं है। मैं तो मरने के बाद सारा धन तुम्हारे नाम करने वाला हूँ। शरीर छोड़ने के बाद यह धन मेरे किस काम का। मैं पूरे गाँव के नाम वसीयत करने वाला हूँ जिससे सारा गाँव ख़ुशहाल और सुखी होगा।

गाँव वाले फिर भी सेठजी की हँसी उड़ाते व उपहास करते रहे और भला-बुरा कहते रहे।

सेठ बोलता रहा-

''तुम लोगों को कुछ भी समझ में नहीं आता। कुछ वर्षों का इन्तज़ार भी नहीं कर

सकते। मैं सारी सम्पत्ति बाँटने वाला हूँ। कोई मुझ पर विश्वास ही नहीं करता।''

एक रोज़ सेठजी किसी कार्यवश दूसरे गाँव में एक जंगल के रास्ते से गुज़र रहे थे। रास्ते में वे थककर एक पेड़ के नीचे बैठकर सुस्ताने लगे। उसी पेड़ के निकट ही एक गाय और सूअर आपस में बातें कर रहे थे। सेठजी को उनकी भाषा आती थी, अतः वे ध्यानपूर्वक उनकी बातचीत सुनने लगे।

सूअर गाय से कह रहा था-

मुझे समझ में नहीं आता कि सभी क्यों तुमसे इतना प्यार करते हैं और मुझे कोई पूछता ही नहीं, जबकि मैं मरने के बाद अपना सब कुछ मनुष्य को दान दे देता हूँ। मेरा गोश्त, चर्बी, चमड़ा सभी कुछ तो इनके काम आता है। फिर भी जीतेजी मुझे नफरत की ही नज़र से देखा जाता है। तुम तो लोगों को केवल दूध ही देती हो और फिर भी यह लोग तुमको हमेशा सम्मान देते हैं और प्यार से पालते हैं।

गाय सूअर से बोली-

भाई! देखो मैं जीतेजी उन्हें दूध देती हूँ और सब उदारतापूर्वक बाँट देती हूँ। तुम तो जीते जी उन्हें कुछ भी नहीं देते। मरने के बाद ही तुम उन्हें माँस, चमड़ा देते हो और वह भी स्वेच्छा से नहीं देते। दुनिया का यह दस्तूर जान लो, लोग भविष्य में विश्वास नहीं करते हैं। अतः यदि तुम जीते जी लोगों को कुछ बाँटोगे तो वे तुम्हें अच्छे ढ़ंग से अपनाएँगे और प्रेम करेंगे।

यह सुनकर सेठजी को अपनी गलती का अहसास हुआ और गाँव जाकर उसने अपने धन का एक बड़ा अंश गरीब और ज़रूरतमंद लोगों को बाँटना प्रारम्भ कर दिया और वह जल्दी ही गाँव वालों का प्रिय बन गए। अब दुःखी सेठ को दुःख से छुटकारा मिल गया और शान्ति से ख़ुशीपूर्वक रहने लगा।

मेरे पास जो है वह पर्याप्त है और की इच्छा नहीं

- डॉ. नीरज सक्सेना

'कौन बनेगा करोड़पति' (KBC) के 16वें सीजन के एक एपिसोड में कलकत्ता के डॉ. नीरज सक्सेना ने ''फास्टेट फिंगर'' राउंड में सबसे तेजी से जवाब देकर हॉट सीट पर जगह बनाई।

वह बड़े ही शांत भाव से बैठे, बिना चिल्लाए, नाचे, रोए, हाथ उठाए या अमिताभ

को गले लगाए। नीरज एक वैज्ञानिक, पी-एच .डी. और कोलकाता की एक विश्वविद्यालय के कुलपति हैं। उनका स्वभाव सहज और सादा है। उन्होंने खुद को भाग्यशाली माना कि उन्हें डॉ. ए.पी.जे. अब्दुल कलाम के साथ काम करने का अवसर मिला और बताया कि पहले वह केवल अपने बारे में सोचते थे, लेकिन कलाम साहब के प्रभाव से उन्होंने दूसरों और देश के बारे में भी सोचना शुरू कर दिया। नीरज ने खेलना शुरू किया। उन्होंने एक बार ऑडियंस पोल लाइफ लाइन का इस्तेमाल किया, लेकिन चूँकि उनके पास ''डबल डिप'' लाइफ लाइन भी थी, तो उसे भी बाद में इस्तेमाल करने का अवसर मिला। उन्होंने सभी सवालों के जवाब सहजता से दिए और उनकी बुद्धिमत्ता प्रभावित करने वाली थी। उन्होंने रुपये 3,20,000 और उसके बराबर बोनस राशि जीत ली और फिर ब्रेक हुआ।

ब्रेक के बाद अमिताभ ने घोषणा की, ''चलिए डॉ. साहब, आगे बढ़ते हैं। यहाँ ग्याहरवाँ सवाल आता है- ''तभी, नीरज बोले, ''सर मैं गेम छोड़ना चाहता हूँ।''

अमिताभ को आश्चर्य हुआ। कोई इतना अच्छा खेल रहा है, तीन लाइफ लाइन बची हैं और एक करोड़ जीतने का अच्छा मौका है, फिर भी वह छोड़ रहे हैं?'' उन्होंने पूछा, ''ऐसा पहले कभी नहीं हुआ...''

नीरज ने शांतिपूर्वक उत्तर दिया, ''अन्य खिलाड़ी इंतज़ार कर रहे हैं और वे मुझसे छोटे हैं। उन्हें भी मौका मिलना चाहिए। मैंने पहले ही बहुत पैसे जीत लिए हैं। मुझे लगता है जो मेरे पास है, वही काफी है। मुझे और की इच्छा नहीं है।''

अमिताभ स्तब्ध रह गए और थोड़ी देर के लिए सन्नाटा छा गया फिर सभी खड़े हो गए और उन्हें लम्बे समय तक तालियों से सम्मानित किया।

अमिताभ ने कहा, ''आज हमने बहुत कुछ सीखा है। ऐसा व्यक्ति दुर्लभ है।''

सच कहूँ तो यह पहली बार है जब मैंने किसी को अपने सामने इतनी बड़ी संभावना के बावजूद दूसरों को मौका देने और अपने पास जो है उसे पर्याप्त मानने वाला देखा। मैंने मन ही मन उन्हें सलाम किया।

आजकल लोग केवल पैसे के पीछे दौड़ रहे हैं। चाहे जितना भी कमा लें, संतोष नहीं होता और लालसा खत्म नहीं होती। इस दौड़ में वे परिवार, नींद, ख़ुशी, प्रेम और दोस्ती खो रहे हैं। ऐसे समय में डॉ. नीरज सक्सेना जैसे लोग एक अनुस्मारक बनकर आते हैं। आज के समय में संतुष्ट और निःस्वार्थ लोग मिलना मुश्किल हैं। उनके खेल छोड़ने के बाद एक लड़की हॉटसीट पर ज़गह बनाई और अपनी कहानी सुनाई, ''मेरे पिता ने हमें, मेरी माँ समेत, केवल इसलिए घर से बाहर निकाल दिया, क्योंकि हम तीन बेटियाँ हैं। अब हम

एक अनाथालय में रहते हैं...'' मैंने सोचा, अगर नीरज ने छोड़ने का फैसला न किया होता तो यह अंतिम दिन होने के कारण, किसी और को मौका नहीं मिलता। उनके इस त्याग के कारण इस गरीब लड़की को कुछ पैसे कमाने का अवसर मिल गया।

आजकल लोग अपनी सम्पत्ति में से एक पाई भी छोड़ने के लिए तैयार नहीं हैं। इसके लिए हम झगड़े और यहाँ तक कि हत्याएँ होते हुए देखते हैं। स्वार्थ आम हो गया है, लेकिन यह उदाहरण एक अपवाद है। ईश्वर ऐसे लोगों में बसते हैं, जो दूसरों और देश के बारे में सोचते हैं। मैं इस महान व्यक्ति को जीवन भर नहीं भूलूँगा। मुझे ख़ुशी है कि मुझे आज एक अद्वितीय व्यक्ति के बारे में लिखने का मौका मिला।

जब आपकी ज़रूरतें पूरी हो जाएँ, तो रूक जाना चाहिए और दूसरों को मौका देना चाहिए। स्वार्थ को छोड़ दें तो सभी ख़ुश रहेंगे। यह सबक मैंने सीखा। मैंने हमेशा ऐसे लोगों की प्रशंसा की है और मानता हूँ कि उनके बारे में ईमानदारी से लिखना समाज के उत्थान के लिए आवश्यक है।

हँसी-ख़ुशी का तोहफा

जहाँ भी आप जायें या जिससे भी आप मिलें, उसे कुछ न कुछ अवश्य दें। यदि आप किसी को कुछ देते हैं तो स्वतः ही आपको कुछ न कुछ अवश्य ही मिलेगा। इस नियम का चमत्कारिक प्रभाव यह है कि जितना आप बाँटेंगे उतना आपमें आत्मविश्वास पैदा होता जायेगा। जितना अधिक आप पायेंगे उतनी ही देने की क्षमता में भी वृद्धि होती जायेगी।

कभी किसी से मिलो तो बिना तोहफे या उपहार के मत मिलो, आप कह सकते हैं कि मैं भला दूसरों को क्या दे सकता हूँ? जब मेरे पास ही पर्याप्त नहीं है। आप एक फूल ले जा सकते हैं, आप एक कार्ड भी दे सकते हैं, जिसमें जिस व्यक्ति से मिलने आप जा रहे हैं उसके प्रति कुछ भावनाएँ व्यक्त की गयी हों। आप उसकी प्रशंसा भी कर सकते हैं। इस प्रकार जिस किसी से भी मिलो उसे ख़ुशी और हँसी का तोहफा दीजिये, फिर आप देखिये कि आप अपने को कितना ख़ुश महसूस करेंगे।

कवि रहीम ने भी लिखा है-

यों रहीम सुख होत है पर उपकारी के संग।
बांटन वारे को लगे, ज्यों मेहन्दी को रंग।।

जो आपके पास नहीं है, वह भी आप दे सकते हैं। आश्चर्यजनक किन्तु सत्य जाने कैसे ?

रुपये, श्रम, ज्ञान या अन्य कोई चीज़ आप तब दे सकते हैं, जब वह आपके पास हो, लेकिन जो आपके पास नहीं है वह भी आप दे सकते हैं और बदले में वह आप प्राप्त कर सकते हैं जो आपके पास नहीं है। थोड़ा अजीब लग रहा है न? इसे एक उदाहरण से समझिए- कल्पना करें कि आप अस्पताल में हैं। प्रियजन की छोटी-सी तकलीफ से चिंतित हैं। डॉक्टर से मिलने के लिए अपनी बारी का इंतज़ार कर रहे हैं। इस चिन्ता और अधीरता में समय काटने के लिए आप पास बैठे लोगों से बातचीत शुरू करते हैं। इस दौरान पता चलता है कि बगल में बैठा व्यक्ति किसी बड़ी बीमारी से पीड़ित है और डरा हुआ है। आप उसे दिलासा देते हैं। भरोसा दिलाते हैं कि सब कुछ ठीक हो जाएगा। उसके डरे मन को शान्त करने की कोशिश करते हैं। ध्यान रहे आप खुद चिन्तित और डरे हैं। खुद आपको दिलासे और भरोसे की दरकार है, लेकिन उस व्यक्ति के मन में थोड़ी-सी शांति, भरोसा और कुछ निश्चिंतता पैदा करने में कामयाब हो जाते हैं और नतीजा क्या होता है? यानी आपको भी शांति मिलती है अच्छे का विश्वास पैदा होता है। यानी आपके पास जो नहीं है देकर आप भी वह पा सकते हैं, जो आपके पास नहीं है।

अकल्पनीय ख़ुशी

देने की ख़ुशी अकल्पनीय होती है तो फिर क्यों न हम सभी मिलकर लोगों को ख़ुशियाँ पहुँचाएं। ख़ुशियाँ पहुँचाने का तरीका कोई भी हो सकता है। आप चाहे तो किसी को खाना खिला सकते हैं, जरूरतमंद बच्चों की पढ़ाई के लिए फीस दे सकते हैं। कपड़े-किताबें, इलेक्ट्रॉनिक्स या ज़रूरत का कोई भी सामान जो आपके काम नहीं आ रहा है, वो आप दे सकते हैं। यकीन मानिए आप किसी को ख़ुशियाँ देंगे तो बदले में आपको ख़ुशियाँ ही मिलेंगी। यूनिवर्सिटी ऑफ कैलिफोर्निया के एक शोध के अनुसार- परेशानी में फँसे किसी अपने के बिल का भुगतान करना आपको ख़ुशी और सेहत दे सकता है। किसी की आर्थिक मदद करना खुद पर खर्च करने से ज़्यादा ख़ुशी देता है। मदद करने से पुरानी और गंभीर बीमारी से पीड़ित लोगों की उम्र भी बढ़ती है जो कई बीमारियों का कारण है।

❐

(8)

आत्मकेन्द्रित जेल से छुटकारा पा सामाजिक बनें

लोग मरते तो बहुत पहले हैं, लेकिन दफ़नाए बहुत बाद में जाते हैं। मरने और दफ़नाने के बीच का यह फ़ासला ही आत्मकेन्द्रित जेल की त्रासदी है, जिसमें आदमी घुट-घुट कर मरता है।

- जॉर्ज बर्नार्ड शॉ

आपको अपने सिवा और किसी में कोई रुचि नहीं है, अगर आप अपने माहौल से अलग-अलग रहकर ही सुकून महसूस करते हैं, अगर आप एकाकी बैठकर कल्पनाएँ करने में ही आनन्द लेते हैं, अगर आप समूह में बेचैनी महसूस करते हैं और वहाँ से भाग कर ही राहत की साँस लेते हैं, अगर आपको दूसरे सभी लोग धोखेबाज़ और स्वार्थी नज़र आते हैं तो निश्चित मानिए कि आप मानसिक रूप से अस्वस्थ हैं। ऐसा व्यक्ति समूह में घुल-मिल नहीं सकता। उसकी दूसरों से पटरी नहीं बैठ सकती है। वह आशंकाओं और दुश्चिंतताओं से घिरा रहते हुए हमेशा अपने आपको दुःखी महसूस करता है।

अकेलेपन से ग्रस्त आदमियों के बारे में सुप्रसिद्ध शायर निदा फ़ाज़ली ने ठीक ही कहा-

हर तरफ हर ज़गह बेशुमार आदमी।
फिर भी तन्हाईयों का शिकार आदमी।।

अकेले आदमी को न तो पूरी तरह सुख का आनन्द आता है, न ही वह दुःख की पीड़ा ही झेल सकता है।

आत्मकेन्द्रित आदमी कभी सचमुच जिया ही नहीं

आत्मकेन्द्रित आदमी या एकाकी व्यक्ति या सबसे कटा हुआ इंसान कितना दुःख उठाता है उसका बयान करना मुश्किल है। अकेलापन हमारी ख़ुशियों को तो समाप्त कर देता है, पीड़ा को बहुत अधिक बढ़ा देता है। ठीक उसके विपरीत, सामूहिकता में हमारी ख़ुशियाँ हज़ार गुना बढ़ जाती हैं और मुसीबतें हज़ार गुना हल्की होकर बँट जाती हैं। यही कारण है कि जेल जाना एक सजा है, क्योंकि जेल हमें अपने समूह से अलग कर देती है। वे कितने नादान हैं, जो दुःख की जेल के अकेलेपन में क़ैद हैं।

आत्मकेन्द्रित आदमी के बारे में किसी ने क्या खूब कहा है-

कभी एक आत्मकेन्द्रित आदमी रहता था,
जो न कभी हँसा, न ही मुस्कुराया।
उसने न कभी गुनगुनाया, न मौज मस्ती की,
कभी गीत नहीं गाया, कभी प्रार्थना नहीं की।
और एक दिन, जब वह मर गया,
तो कम्पनी ने उसका बीमा अस्वीकार कर दिया।
चूँकि वह कभी सचमुच जिया ही नहीं था,
इसलिए कम्पनी का दावा था
कि वह कभी मरा ही नहीं।

अकेलेपन से ग्रस्त, हास्यरहित, उदास एवं खिन्न रहने वाले व्यक्ति की सारी शक्तियाँ शिथिल हो जाती हैं। यह मानव जीवन का भीषण अभिशाप है, जो जीती-जागती नर्क की भयानक ज्वाला की भाँति मनुष्य को दीन-हीन और दुःखी बनाकर रख देता है।

इंसान को सबसे ज़्यादा परेशानी इस बात से होती है कि उसे कोई पसंद नहीं करता या किसी को उसकी ज़रूरत नहीं है। जिस इंसान को जितना ज़्यादा पंसद किया जाता है या जिसकी लोगों को जितनी ज़्यादा ज़रूरत होती है, वह इंसान उतना ही परिपूर्ण इंसान बन जाता है। ''अकेला'' आदमी या एकाकी व्यक्तित्व आत्मरक्षा में अपने आपमें दुबक जाते हैं। उनके अंदरूनी, अंतुर्मखी स्वभाव की वज़ह से उनका सामान्य विकास नहीं हो पाता जो बहिर्मुखी और दूसरों की तरफ उन्मुख व्यक्ति अनुभव करता है। जब तक व्यक्ति अपने

खोल से बाहर नहीं निकलता तथा किसी और के लिए मूल्यवान नहीं बनता तो वह बीमार पड़ सकता है और बीमारी भी तेज़ी से आती है। अगर आपको लग रहा है कि आप बेकार हैं, किसी को आपकी ज़रूरत नहीं है, कोई आपको नहीं चाहता, आपको कोई याद नहीं करता तो आपको इस बारे में कुछ न कुछ करना चाहिये। यह न सिर्फ जीने का निराशाजनक तरीका है, बल्कि यह मनोवैज्ञानिक रूप से ख़तरनाक तरीका भी है।

अकेलापन मानसिक परेशानियों का जनक

कोलंबस स्थित ओहियो स्टेट विश्वविद्यालय (यू.एस.) के मनोवैज्ञानिक एवं प्राध्यापक डॉ. जैनिक ग्लेसर ने योरोपियन सोसाइटी ऑफ ह्यूमन रिप्रोडक्शन एण्ड एम्ब्रिपोलॉजी की मासिक पत्रिका ह्यूमन रिप्रोडक्शन में हाल ही में प्रकाशित अनुसंधान रिपोर्ट में कहा है कि जब हम एक-दूसरे से मेल-जोल रख बातचीत करते हैं तब हमारे शरीर में ऐसे हार्मोन्स रिलीज़ होते हैं जो शरीर का विकास करते हैं, उनमें उपस्थित न्यूरोकेमिकल हमारे तनाव, कुण्ठा, चिंता और थकान को दूर करते हैं।

अनुसंधानकर्ताओं को अकेलेपन के शिकार तथा सामाजिक मेल-जोल रखने वाले लोगों के 'रक्त परीक्षण' में महत्त्वपूर्ण अन्तर का पता चला है। अकेलेपन से ग्रस्त लोगों के रक्त में बीमारियों के वायरसों को मारने वाले श्वेत रक्त-कण की क्रियाशीलता में कमी देखी गई है। उनके शरीर में एड्रेलिन जैसे हार्मोनों का रिसाव अधिक पाया गया, जो तनाव पैदा करते हैं।

ब्रिटिश शोधकर्ताओं के अध्ययन के अनुसार- ''अकेलेपन से जूझ रहे मरीजों में अक़्सर देखा गया है कि वे हमेशा थके हुए नज़र आते हैं। उनकी एकाग्रता में कमी पाई जाती है, साथ ही अनिद्रा तथा अन्य मानसिक परेशानियाँ पैदा हो जाती हैं।''

सामाजिक जीवन, ख़ुशी और स्वास्थ्य

यूनिवर्सिटी ऑफ नॉर्थ कैरोलीना की समाजशास्त्री यांग क्लेअप कहती हैं कि ख़ुश रहने के लिए हमारा सामाजिक जीवन किसी भी दूसरी चीज़ से ज़्यादा महत्त्व रखता है, डाइट और एक्सरसाइज से भी ज़्यादा। दुनिया भर में कई शोधकर्ताओं ने सेहत पर मेल-जोल के प्रभावों को लेकर तरह-तरह के शोध किए हैं।

समाजशास्त्रियों और व्यवहार विशेषज्ञों ने पाया है कि जिन लोगों को मजबूत सामाजिक सम्बन्ध बनाए रखने की आदत है उनकी अलग-थलग रहने वाले लोगों की

तुलना में, असमय मृत्यु होने की संभावना कम होती है। आयु पर सामाजिक सम्बन्धों का असर एक्सरसाइज से दोगुना और सिगरेट छोड़ने के असर के बराबर प्रभाव पड़ता है। इन अध्ययनों में 300000 लोगों के सामाजिक सम्बन्धों व सेहत से जुड़े आँकड़ों पर पड़ताल की गई थी। समाजशास्त्री यांग का मानना है कि लोगों के साथ मेल-जोल रखने वाले स्ट्रेस के शिकार कम होते हैं।

लोगों से घुले-मिलें, सच्ची ख़ुशी मिलेगी

डॉ. रितु पांडेय शर्मा, लेखिका माइंडफुलनेस विशेषज्ञ का कहना है कि ख़ुश रहने के लिए अच्छी नींद, व्यायाम, सही भोजन तो ज़रूरी है, साथ ही 'समग्र' स्वास्थ्य के लिए 'मानव संपर्क' बहुत ज़रूरी है। शोध कहते हैं कि दूसरों से जुड़ा हुआ महसूस करने वालों का प्रतिरक्षा तंत्र, बाकी लोगों की तुलना में अपेक्षाकृत अधिक मजबूत रहता है। यह जुड़ाव 'वर्चुअल' नहीं 'रियल' होना चाहिए। इसीलिए पूर्वज सामुदायिक जीवन का महत्त्व समझते थे।

ख़ुश रहने में पेड़-पौधे हमारी प्रेरणा बन सकते हैं। पौधों के जगत में भी एक रहस्यमयी घटना होती है, जब किसी पेड़ के अस्तित्व पर संकट आता है और उसे काट दिया जाता है, तब धरती के नीचे उसके आस-पास फैले अन्य वृक्षों की जड़ें उसके अस्तित्व को बचाने के लिए तुरन्त ही सहयोग करने दौड़ पड़ती हैं। यह एक तरह से 'आपदा प्रबंधन' है जो एक-दूसरे से जुड़े रहने की नैसर्गिक व्यवस्था का अनिवार्य हिस्सा है। यह ख़ुशी के साथ जुड़ाव महसूस कराता है।

चाहे हम खेल रहे हों, खा-पी रहे हों, बात कर रहे हों या प्रियजनों के साथ हँस रहे हों, हम जो प्राकृतिक मानव संपर्क महसूस करते हैं, वह हमारी जागरूकता को मजबूती से वर्तमान में स्थापित करता है (अकेले होने पर चिंता करने और व्यस्त रहने के बजाय) जब हम अलग-थलग महसूस करते हैं, तो मस्तिष्क के विशेष क्षेत्र (पैरिएटल लोब) में अधिक गतिविधि होती है। अकेले अधिक समय बिताने से स्वास्थ्य पर नकारात्मक प्रभाव पड़ सकता है। इसलिए ख़ुशी के लिए लोगों से घुलते-मिलते रहें।

ख़ुशी और अच्छे सामाजिक सम्बन्ध

एक अध्ययन 1938 में अमेरिका के बोस्टन शहर में शुरू हुआ। इसमें 724 किशोरों को दो समूहों में बाँटा गया। उनके जीवन के हर पहलू की पड़ताल की गई। उनके

माता-पिता से साक्षात्कार लिए गए। आगे चलकर उनके कार्यों, करिअर, परिवार, सामाजिकता, स्वास्थ्य आदि पर बराबर नज़र रखी गई। हर दो साल में उन्हें प्रश्नावली भेजी जाती, उनके घर का चक्कर लगाया जाता। बीतते समय के साथ उनके बच्चों से बात की गई, पत्नियों को अध्ययन में शामिल किया गया।

यह अध्ययन जो 1938 में शुरू हुआ था। पिछले दिनों इसके वर्तमान निदेशक रॉबर्ट वाल्डिगर ने इसके कुछ निष्कर्षों के बारे में एक चर्चित व्याख्यान दिया। उसके वीडियो को दो करोड़ से अधिक लोग देख चुके हैं।

इस पूरी कवायद से एक बात स्पष्टता से पता चली:- जीवन अच्छा चले इसके लिए रिश्तों का अच्छा होना अनिवार्य है। इसे इन तीन सबकों से और अच्छी तरह समझा जा सकता है-

1. आपके जीवन के लिए रिश्ते अच्छे हैं और अकेलापन घातक है। रिश्तों से यहाँ तात्पर्य जीवनसाथी, परिवार, दोस्त और समुदाय के साथ बेहतर जुड़ाव से है। जिन लोगों के ये जुड़ाव बढ़िया थे, वे वही लोग थे, जो स्वस्थ, ख़ुश और दीर्घायु भी थे। अध्ययन में देखा गया कि लोगों से कटे-कटे रहने वाले लोग अधेड़वय में ही बीमार होने लगते हैं और उनकी दिमागी क्षमता कम होने लगती है।

2. रिश्तों के बारे में यह जानना भी ज़रूरी है कि आप भीड़ में और गृहस्थी में भी अकेले हो सकते हैं। यहाँ दोस्तों की संख्या मायने नहीं रखती (फेसबुक मित्रों की बड़ी संख्या पर इतराने वाली युवा पीढ़ी खासतौर पर ध्यान दे), निकटता और रिश्ते की गुणवत्ता महत्त्वपूर्ण होती है। मतलब एक खराब दाम्पत्य तलाक की तुलना में आपके स्वास्थ्य और ख़ुशियों के लिए ज़्यादा खराब हो सकता है। अध्ययन में देखा गया कि 50 की उम्र में जो लोग अपने रिश्तों से सर्वाधिक संतुष्ट थे, वे 80 तक पहुँचकर सबसे अधिक स्वस्थ भी थे।

3. तीसरी बड़ी बात यह है कि अच्छे रिश्ते शरीर के लिए ही नहीं, मस्तिष्क के लिए भी अच्छे हैं। ये उम्र के साथ होने वाली दिमागी कमजोरियों को टालने में भी मददगार हैं।

यह अध्ययन बड़े साफ ढंग से दिखाता है कि आज आपके सामाजिक सम्बन्ध कैसे हैं, इसी से आपका आने वाला जीवन भी तय होता है। इसलिए करिअर, पैसा, प्रसिद्धि और सुविधाओं के चक्कर में सम्बन्धों से मुँह मत मोड़िए। उनको सहेजिए, विकसित कीजिए, उन्हें विस्तार दीजिए। सामाजिक बनिए और यह सब कीजिए 'अपने' जीवन को सुखी और सेहतमंद बनाने के लिए। खुद के लिए इतना तो करना ही चाहिए।

समूह से जुड़े रहें

कहते हैं कि इंसान समूह में ज़्यादा सहज होता है। समूह में रहने से व्यक्ति का ज्ञान और जीवन बेहतर होता है और वह ख़ुश रहता है। जब हम कमजोर पड़ते हैं तो किसी का साथ हमें संबल देता है। किसी के साथ देने की मानसिक खुराक हमारे अन्दर की निराशाओं को कम करते हुए आत्मशक्ति बढ़ाती है।

समूह में रहने की इस सकारात्मक परिणामों में एक कड़ी और जोड़ते हुए ओडियो स्टेट विश्वविद्यालय के मेडिकल सेन्टर के न्यूरोसाइंस विभाग के प्राफेसर मैथू ने अपने शोध में यह बताया कि जब दो व्यक्ति एक साथ दौड़ते हैं, तो उनके अवांछित फैट घटने की संभावना अकेले दौड़ने की तुलना में 50 प्रतिशत बढ़ जाती है। रिचर्ड कहते हैं कि यदि आप सामाजिक हैं और मित्रों के साथ दौड़ते हैं तो यह आपके मन को प्रसन्न रखने के साथ-साथ शरीर को भी शेप में रखता है। इतना ही नहीं अनुसंधानकर्ता यह सलाह भी देते हैं कि यदि आप किसी लाइन में अकेले खड़े हैं, तो बेहतर यह होगा कि अपने आगे-पीछे खड़े लोगों से बातचीत करें। बेक फॉरेस्ट विश्वविद्यालय ने शोध में पाया कि जो लोग लम्बी कतारों में खड़े लोगों से बातचीत करते हैं, वे अपने निजी जीवन में ज़्यादा ख़ुशनुमा होते हैं। ठीक ही कहा गया है-

अकेले रहने से हर राह सुनसान लगती है
बिना समूह के ज़िन्दगी वीरान होती है।
संग अपने प्रियजनों का बहुत ज़रूरी है,
क्योंकि परस्पर सहारे हर मुश्किल आसान होती है।

❑

9

मुस्कुराहट-ख़ुशी का सूर्योदय

आपकी एक मुस्कुराहट रिश्तों को जीवंत कर देती है। मधुरता ला देती है। ख़ुशी बिखेर देती है। पुराने रिश्तों को एकदम से तरोताज़ा कर देती है।

- पं. विजयशंकर मेहता

मुस्कुराने वाला व्यक्ति स्वयं तो ख़ुश रहता ही है, दूसरों को भी ख़ुश रखता है। लोग उसके पास खींचे चले आते हैं। उसे किसी से मिलने, लोगों से मेल-जोल करने में ज़रा भी संकोच नहीं होता। मुस्कान वाला चेहरा कोई भी काम आसानी से करा लेता है।

ठीक ही कहा गया है-

रोने से तो अपने भी पराये हो जाते हैं,
लेकिन मुस्कुराने से पराये भी अपने हो जाते हैं।

मुस्कुराहट का रंग हमेशा खूबसूरत होता है इसलिए सदा मुस्कुराते रहिए। आपकी हर मुस्कान किसी का दिल जीत लेती है। हम सबमें ख़ुशी फैलाने का जन्मजात गुण होता है बस इसे पहचानने की देर है। मुस्कुराने की आदत आपके व आपके साथ रहने वाले दूसरे लोगों को भी कभी दुःखी नहीं होने देगी। सिंगर शान ने एक इंटरव्यू में कहा था- ''मैंने तय कर लिया कि हालात चाहे जैसे रहें मेरे होठों से मुस्कान न छूटे।'' इस मुस्कान के बूते न सिर्फ ख़ुशी हासिल कर सकते हैं, बल्कि कठिन दौर से भी उबर सकते हैं।

मनुष्य को सदैव मुस्कुराते रहना चाहिए। जीवन के प्रत्येक कार्य को हमें प्रसन्न मन से मुस्कुराते हुए करना चाहिए। ऐसा करने से हमारी आधी कठिनाइयाँ तो कार्य आरंभ करते

ही दूर हो जाती हैं, क्योंकि ऐसी स्थिति में हम कार्य को भार नहीं समझते। हममें उत्साह बना रहता है और हमारी शक्ति बढ़ जाती है।

इसके विपरीत जब आदमी उदास होकर रोना-सा मुँह लेकर किसी कार्य को आरंभ करता है तो उसके लिए वही कार्य पहाड़ बन जाता है। मन में कोई उत्साह नहीं होता। कार्य करने में उसकी कोई रुचि नहीं होती। उसकी शक्ति आधी रह जाती है।

वातावरण ख़ुशनुमा बनाती मुस्कान

आपकी मुस्कान पूरे वातावरण को ख़ुशनुमा बना सकती है, क्योंकि मुस्कुराहट संक्रामक होती है। अतः आप स्वयं ख़ुश रहिये और अपनी मुस्कान को दूसरों में बाँटते हुए ख़ुशियों में सहभागी बनिये। कैसे, देखिये-

- अगर आप मुस्कुराते हुए शाम को घर में घुसेंगे तो पूरे परिवार में ख़ुशियों का माहौल बन जाएगा।
- अगर आप डॉक्टर हैं और मुस्कुराते हुए मरीज का इलाज करेंगे तो मरीज का आत्मविश्वास दुगुना हो जाएगा।
- अगर आप एक प्राध्यापक हैं और आप जब मुस्कुराते हुए कक्षा में प्रवेश करेंगे तो देखिये - सारे छात्र-छात्राओं के चेहरों पर मुस्कान छा जाएगी।
- अगर आप दुकानदार हैं और मुस्कुराकर अपने ग्राहकों का सम्मान करेंगे तो ग्राहक ख़ुश होकर आपकी दुकान से ही सामान खरीदेंगे।
- अगर आप किसी कंपनी के डायरेक्टर हैं तो आप ख़ुश होकर कम्पनी में प्रवेश करते हैं तो देखिये सारे कर्मचारियों के मन का तनाव कम हो जाएगा और माहौल ख़ुशनुमा हो जाएगा।
- अगर आप सड़क पर चलते हुए अनजान आदमी को देखकर मुस्कुराएँगे तो देखिए उसके चेहरे पर मुस्कान आ जाएगी।

ख़ुशी, सम्मान और प्यार की सार्वभौमिक भाषा

हमारे शब्द सुनने वाले पर जितना असर करते हैं, उससे कहीं अधिक हमारी मुस्कान का प्रभाव होता है। एक डॉक्टर मुस्कुराते हुए प्रसन्न मन से किसी रोगी का इलाज करता है तो उस रोगी का आधा रोग उसी समय दूर हो जाता है। उस मुस्कान से रोगी को सांत्वना मिलती है। रोगमुक्त होने की प्रेरणा और उत्साह जहाँ स्वयं रोगी के अन्दर से उठती है तो रोग शीघ्र ही दूर हो जाता है।

मुस्कुराहट ख़ुशियों से सजे-सजाये घर के सामान है। मनुष्य रोने के लिए नहीं बनाया गया है। मुस्कुराने के लिए बना है। याद रखिये आपके मन में मुस्कुराहट है तो वह शब्दों से नहीं चेहरे से चमकती है, अगर किसी परिस्थिति के लिए आपके पास शब्द नहीं है तो सिर्फ मुस्कुरा दीजिए। शब्द उलझा सकते हैं, पर मुस्कुराहट हमेशा काम कर जाती है। विभिन्न भाषाओं में अभिव्यक्ति के लिए अलग-अलग शब्द हैं, लेकिन मुस्कान ख़ुशी, सम्मान और प्यार को व्यक्त करने के लिए सार्वभौमिक भाषा है तो फिर क्यों न मुस्कुराते हुए जीवन जिएँ।

किसी ने ठीक ही कहा है-

मुस्कुराकर देखो तो
सारा जहान रंगीन है,
वर्ना भीगी पलकों से आईना भी
धुंधला नज़र आता है।

मुस्कान सुबह का सूर्योदय

इंसान सोचता है कि ख़ुशियाँ आयें तो मैं मुस्कुराऊँ और ख़ुशियाँ सोचती हैं कि ये मुस्कुराए तो मैं आऊँ। बेहतर यही होगा कि आप ही ज़िद छोड़ दें और खुशियों को आने का मौका दें। इसलिए मुस्कुराते रहो।

- **मुस्कुराओ** - क्योंकि परिवार में रिश्ते कायम रह पाते हैं जब तक हम एक-दूसरे को देखकर मुस्कुराते हैं।
- **मुस्कुराओ** - क्योंकि दुनिया का हर आदमी खिले फूलों और खिले चेहरों को ही पसंद करता है।
- **मुस्कुराओ** - क्योंकि क्रोध में दिया गया आशीर्वाद भी बुरा लगता है और मुस्कुरा कर कहे गए बुरे शब्द भी अच्छे लगते हैं।

किसी शायर ने बड़ा ही सटीक कहा है-

उदास होने के लिए उम्र पड़ी है,
नज़र उठाओ सामने ज़िन्दगी खड़ी है।
अपनी मुस्कुराहटों को होंठों से न जाने देना

क्योंकि आपकी मुस्कुराहटों के पीछे दुनिया पड़ी है।

प्रकृति ने मनुष्य को कई गुण प्रदान किये हैं, इनमें एक है मुस्कुराहट, प्रकृति प्रदत्त एक अद्भुत गुण। जिसके उपयोग से हम स्वयं ख़ुश रह सकते हैं और दूसरों को भी ख़ुश रख सकते हैं। मुस्कान के द्वारा हम उदासी, तनाव, अवसाद, चिन्ता आदि पर काबू पा सकते हैं तथा अपने व्यक्तित्व में चमत्कारी परिवर्तन ला सकते हैं।

एक मुस्कुराते चेहरे को देखने से हमारे चेहरे पर स्वतः मुस्कान तैरने लगती है। मुस्कान एक प्रकार का सूर्य है, जिसके प्रताप से रोग, शोक रूपी अंधकार दूर भाग जाते हैं। मुस्कान एक प्रकार का चंदन का तेल है जो सभी प्रकार की जलन शांत कर देता है, शरीर ओर मस्तिष्क को सुवासित कर देता है।

क्यों न जिए मुस्कुराकर ?

आपने मुस्कुराना सीखा है तो हज़ारों मुसीबतों पर भी आप विजय प्राप्त कर सकते हैं। ज़िन्दगी में कोई कठिनाई आए तो आप मुस्कुराते हुए उसका स्वागत करो। आपकी मुस्कान में वह जादू है कि मुसीबत भी उसके सामने टिक नहीं सकती। यदि उसे देखकर आपकी मुस्कान मिट गई तो समझ लीजिये वह आपकी ख़ुशी और भाग्य को मिटा देगी। कठिनाइयाँ हर मनुष्य के जीवन में आती हैं। यह नहीं कि उसने आपके ही द्वार खटखटाएँ हैं। वह आए तो उसे आने दीजिए। वह आपका सब कुछ ले जाये तो चिन्ता न करें, पर यह देखते रहिये कि वह आपकी मुस्कुराहट न छीन ले। यदि आपकी मुस्कान आपके पास है तो सब कुछ खोकर भी आप पा सकते हैं और यदि मुसीबत ने आपकी मुस्कान छीन ली है तो समझ लीजिए कि आपका सब कुछ लुट चुका है और फिर से आप अपनी ख़ुशी और वैभव नहीं पा सकते।

यार रखिए- **Silent lips may avoid many problems, but smiling lips may solve many problems. So always have a smile, on your face in the beautiful journey called "LIFE".**

मुस्कुराते रहो, रोने वाले का कोई साथ नहीं देता

ज़िन्दगी एक कैमरा है। इसके सामने सदा मुस्कुराते रहो। तभी जीवन की खूबसूरत तस्वीर निकल कर सामने आयेगी। जीवन में उतार-चढ़ाव आते रहते हैं। हर परिस्थिति

को जिसने मुस्कुरा के जी लिया है। जीवन उन्हीं का सार्थक है। इसके विपरीत जीवन को जो केवल काँटों का बिछौना समझकर रो-रोकर जीवन गुज़ारते हैं उनके लिए जीवन बोझ बन जाता है। उसकी ज़िन्दगी नीरस रहती है। वास्तव में उन्हें जीने का ढ़ंग ही नहीं आता। ऐसे लोग जीवन को जी ही नहीं पाते, जीवन को जीना और गुज़ारना दोनों अलग-अलग बाते हैं। न जाने कितने संकट झेलकर यह जीवन मिला है। इसे यूँ ही व्यर्थ की चिंता, तनाव में गुज़ार देना नासमझी है। हर प्रकार की चिन्ता, दुःख, तनाव की उपेक्षा करके सदा हँसते-मुस्कुराते रहो, यही जीवन है, क्योंकि सुख और दुःख तो मन की स्थितियाँ हैं। रोने वालों का कोई साथ नहीं देता। रोने वाले दुनिया की भीड़ में भी खुद को अकेला महसूस करते हैं और हँसते, मुस्कुराते हुए जीने वाला व्यक्ति हर परिस्थिति में अकेला होते हुए भी सबके स्नेह और सम्मान का पात्र बनता है।

ज़िन्दगी को ख़ुश रहकर जियो, क्योंकि रोज़ शाम सिर्फ सूरज ही नहीं ढ़लता, आपकी अनमोल ज़िन्दगी भी ढ़लती है।

किसी ने बिल्कुल सही कहा है-

तुमको जीना है इस जहाँ में अगर
अपने जीवन का फलसफा बदलो
आँधियाँ तो बदलने वाली नहीं
तुम ही बूझता हुआ दीया बदलो
मुस्कुराहट मिलाकर थोड़ी-सी
अपने अश्कों का जायज़ा बदलो।

ग़मों, परेशानियों और दर्द का एक ही इलाज

- मुस्कुराना

एक मासूम-सी मुस्कुराहट न जाने कितनी मुसीबतों, कितनी परेशानियों को उड़न छू करने का माद्दा रखती है।

फुदकते पत्थरों को पंख देकर जगमगी दे।
लबों को मुस्कुराहट, अखंड़ियों की रोशनी दे।

सुप्रसिद्ध शायर निदा फ़ाज़ली की यह दुआ तबस्सुम की अहमियत बयाँ करती हैं। वहीं शायर हम्माद नियाजी लिखते हैं- मुस्कुराहट चिरागों में ऐसी थी रोशनी खिल उठी मकानों में। अँधेरों में चाँद-तारों सी झिलमिलाहट फैलाने वाली मुस्कान के लिए न पैसे की दरकार होती है और न किसी मशक्कत की। संसार में जब बच्चा कदम रखता है, साथ रोना और मुस्कराना ही तो होता है। पर समय के साथ प्रकृति का यह नायाब तोहफा न जाने कहा खो देते हैं। हवाला देते हैं अपने ग़मों का, परेशानियों का, दर्द का। भूल जाते हैं कि इन सबका इलाज भी तो वही है, मुस्कुराना। नीरज गोस्वामी इसलिए तो लिखते हैं-

मुश्किलों में मुस्कुराना सीखिए,
फूल बंजर में उगाना सीखिए।

मुस्कान के राजमार्ग पर चल, पाएँ ख़ुशियाँ

मुस्कान परमात्मा की भाषा है। इसलिए हर देवता का चित्र और मूर्ति मुस्कुराती हुई मिलेगी। मुस्कान प्रेम की भाषा है। मुस्कानहीन प्रेम हो ही नहीं सकता। मुस्कान औषधि है। मुस्कान आते ही नाख़ुशी, तनाव, चिन्ता छूमंतर हो जाते हैं। मुस्कान मित्रता की भाषा है। मुस्कान मित्र बनाती है, दुश्मनी का अंत करती है। मुस्कान से दिल की दूरियाँ मिट जाती हैं फिर क्यों न मुस्कान की अगरबत्ती लगाकर फैलाएँ ख़ुशियों की सुगन्ध।

ख़ुशियाँ पाने के लिए मुस्कान के राजमार्ग पर आगे बढ़िये। विनम्रता का जीवन अपनाइए। प्रत्येक कार्य को लगन और उत्साह से कीजिये। जीवन की यात्रा में आपके साथ चलने वाले साथियों को आगे बढ़ाइए। उनकी सहायता कीजिये। मन में अहंकार न आने दीजिए तो आप अवश्य ही मंज़िल पर पहुँचेंगे। आपके जीवन में चारों तरफ ख़ुशियों और मुस्कान की मधुरिमा निखर जाएगी।

❐

(10)

पर्यटन: सौन्दर्यमयी सृष्टि के दर्शन

सैर कर दुनिया की ग़ाफ़िल ज़िन्दगानी फिर कहाँ,
ज़िन्दगी ग़र कुछ रही तो ये जवानी फिर कहाँ?

- ख़्वाजा मीर दर्द

आज की संघर्षपूर्ण ज़िन्दगी में जब व्यक्ति एक ही तरह का जीवन जीते-जीते बोरियत महसूस करता है, तो कुछ समय के लिए अपने जीवन में नवीनता चाहता है, कुछ बदलाव चाहता है, कुछ नए अनुभव लेने की चाहत, नए नज़ारे व दृश्य उसे अपनी ओर खींचते हैं और फिर यहाँ से शुरू हो जाता है-पर्यटन या सैर-सपाटा।

पर्यटन अपने घर और शहर को छोड़कर अलग-अलग ज़गह घूमना, विभिन्न संस्कृतियों को जानना और विविधताओं से हमारा परिचय कराता है। नए लोगों से मिलना अलग-अलग परम्पराओं, खान-पान और जीवन शैली को देखकर हम विविधताओं को स्वीकार करना सीखते हैं और उसके साथ ही हम सीखते हैं दुनिया में ऐसा बहुत है जो हमसे भिन्न है, लेकिन उतना ही खूबसूरत भी। मनोवैज्ञानिकों का कहना है कि यह सब आपकी ख़ुशी का स्तर बढ़ाता है।

वर्षों से पर्यटन या देशाटन रोगों के निदान का ज़रिया भी रहा है। हवा-पानी बदलने के पीछे एक मंशा यह भी होती है कि यात्रा के साथ-साथ मन यथास्थिति की जड़ता से निकलकर कुछ नया अनुभव करेगा-नवानुभूति भी ख़ुशी का एक मार्ग है।

आज 'स्पिरिचुअल टूरिज़्म' या 'आध्यात्मिक पर्यटन' की चर्चा ज़ोरों पर है। दक्षिण

एशिया के कुछ देश जैसे भारत, श्रीलंका, कम्बोड़िया और भूटान इसके केंद्र में हैं। प्रतिवर्ष दुनिया भर से सैलानी आते हैं। अपने अन्दर के गूढ़ रहस्यों का समझने। एकान्त, ध्यान और आध्यात्म के ज़रिए। इसमें कितनी सफलता मिलती है यह व्यक्तिगत मामला है। पर इसमें कुछ तो ज़रूर है जो खींचता है यायावर को अपनी तरफ।

एप्पल के संस्थापक स्टीव जॉब्स, मशहूर रॉक बैंड बीटल्स और रिचर्ड गेरे कुछ ऐसी ही शख़्सियत हैं, जो भारत भ्रमण पर आ चुके हैं - आध्यात्म की खोज में।

नीरसता दूर कर करे ख़ुशी का संचार

पर्यटन से सम्बन्धित कई शोध अध्ययन भी हुए हैं जो यह दर्शाते हैं कि पर्यटन करने से व्यक्ति के शारीरिक व मानसिक स्वास्थ्य में वृद्धि होती है, क्योंकि भ्रमण या सैर के दौरान व्यक्ति अधिक सक्रिय व सजग रहता है। उसके जीवन की नीरसता इन यात्राओं में टूटती है और उमंग-ख़ुशी का संचार होता है।

ब्रेन हेल्थ सेन्टर के एक अध्ययन से खुलासा हुआ है कि यात्रा करने से व्यक्ति को अपने दिमाग को चुस्त-दुरूस्त रखने में मदद मिलती है और उसका शारीरिक स्वास्थ्य भी बढ़ता है। अध्ययनों में यह भी देखा गया है कि दिन भर ऑफिस में बैठे रहने वालों के मुकाबले यात्रा करने वाले ज़्यादा सक्रिय और ख़ुश रहते हैं। अक़्सर पर्यटन स्थल देखने के लिए व्यक्ति दिन भर में कई किलोमीटर पैदल चल लेते हैं। इसी तरह हिल स्टेशन पर जाकर लोग ट्रेकिंग या हाइकिंग भी करते हैं। पर्यटन के दौरान यात्रा करने से लोग काफी थक जाते हैं, जिससे रात को उन्हें गहरी नींद आती है, जिन्हें नींद सम्बन्धी शिकायतें हैं, वे दूर होती हैं, इस तरह सैर-सपाटा स्वस्थ जीवनशैली के लिए बेहतर सिद्ध होता है।

एयर न्यूजीलैण्ड द्वारा कराया गया एक अध्ययन बताता है कि व्यक्ति को बेहतर नींद का फायदा सिर्फ पर्यटन के दौरान नहीं बाद में भी मिलता है। यात्रा शरीर की जैविक घड़ी को रीसेट कर सकती है। अध्ययन में शामिल लोगों के हाथों पर एक उपकरण बाँधा गया जिसमें नींद की अवधि व गुणवत्ता को यात्रा में जाने से पहले, उस दौरान व बाद में जाँचा। यह देखा गया कि लोगों ने यात्रा के दौरान सामान्य से एक घंटा अधिक नींद ली व घर पर पहुँचकर भी 20 मिनट अधिक आराम करने लगे।

सकारात्मक भावना का विकास

अमेरिका स्थित पिट्सबर्ग यूनिवर्सिटी के माइंड एवं बॉडी सेन्टर के एक अध्ययन

में यह बात निष्कर्ष के रूप में सामने आई है कि अवकाश लेकर कहीं पर्यटन पर जाने से व्यक्ति में सकारात्मक भावना का विकास होता है।

कई शोध अध्ययनों में यह भी पाया गया है कि सर्विस करने वाला व्यक्ति यदि छुट्टी लेकर घूमने जाते हैं तो काम पर वापस आने पर उसके अन्दर का तनाव बहुत कम रह जाता है उसकी कार्यक्षमता में भी सकारात्मक परिवर्तन आता है।

विएना विश्वविद्यालय में हुए अध्ययन में सामने आया है कि जिन लोगों ने अधिक घूमना, फिरना किया वे अधिक समय तक तनाव से दूर रहे, साथ ही उनमें सिरदर्द, कमर दर्द, उच्च रक्तचाप जैसी समस्याएँ भी कम देखने को मिली।

आध्यात्मिक ऊर्जा व ख़ुशी का स्रोत

तीर्थयात्रा यानी आध्यात्मिक ऊर्जा से सम्पन्न क्षेत्रों की यात्रा, प्रमुख मंदिरों, जलाशयों, कुण्डों, पवित्र नदियों आदि का दर्शन, पूजन, परिक्रमा, भ्रमण इत्यादि। दूसरी तरफ पर्यटन यानी प्रकृति के महत्त्वपूर्ण सुरम्य व सुंदर क्षेत्रों में भ्रमण, मानव निर्मित ऐतिहासिक भवनों व क्षेत्रों का अवलोकन, प्रसिद्ध स्थलों का दर्शन व भ्रमण आदि सब इसमें सम्मिलित हैं। पर्यटन के दौरान लोग तीर्थयात्रा भी करते हैं और सामान्य यात्रा भी करते हैं, उनकी यात्रा का उद्देश्य तीर्थयात्रा का लाभ लेना नहीं, अपितु भ्रमण का आनंद लेना होता है। इसलिए पर्यटन के दौरान व्यक्ति अपनी यात्रा को यादगार, मनोरंजक व सुखद बनाने का पूरा प्रयास करता है, ताकि वह पर्यटन के पलों को अधिक से अधिक अपने मन में संजो सके, फोटो व वीडियो क्लिप के माध्यम से इन्हें बार-बार देख सके। पर्यटन की यात्रा और भी दिलचस्प हो जाती है, जब व्यक्ति खरीदारी करने के लिए बाजारों में घूमता है और अपने लिए व अपनों के लिए पसंद की चीज़ें व ज़रूरत का सामान ख़रीदता है।

सौन्दर्यमयी सृष्टि के दर्शन

पर्यटन के दौरान हम वन, समुद्र, नदी किनारे या पहाड़ पर जाते हैं, फूलों को देखते हैं तो मन को एक तरह का सुकून मिलता है। प्रकृति की यह विविधता देखकर हम आश्चर्य और ख़ुशी से भर जाते हैं, आप कितने भी उदास क्यों न हों, घने जंगल, कुदरती बाग में चले जाइए। पेड़ के पत्तों के तरह-तरह के हरे रंग देखिए आपकी उदासी एकदम दूर हो जाएगी, आप आन्तरिक शान्ति महसूस करेंगे। ईश्वर की सौन्दर्यमयी सृष्टि के दर्शन हमें पर्यटन से ही प्राप्त हो सकते हैं। हम विभिन्न भाषा-भाषियों तथा विभिन्न जातियों के लोगों के सम्पर्क

में आते हैं, उन्हें निकट से देखने का अवसर मिलता है। पर्यटन करने से हमारी बहुत-सी बातों का अंधविश्वास समाप्त हो जाता है। बहुत-से व्यक्तियों के विषय में हमारी भ्रमात्मक धारणाएँ समाप्त हो जाती हैं। इस प्रकार पर्यटन हमारे हृदय में विश्वबन्धुत्व की भावना को जागृत करता है।

किसी ने ठीक ही कहा है-

मैं तो यूँ ही सफ़र में निकला था
एक अजनबी मिला उसने अपना बना लिया।

जैसा देश, वैसा भेष, फिर देखिए ख़ुशी की लहर

हर ज़गह की अपनी संस्कृति, अपनी परम्पराएँ, अपनी जीवनशैली है। उसको गहराई से समझे बगैर वापस लौट आना, अधूरी यात्रा है। मॉल या सुपरमार्केट की ज़गह निकल जाइए वहाँ के स्थानीय बाज़ारों में। मुहल्लों, मंदिरों, नुक्कड़ों या चौराहों पर। बस, टैक्सी ड्राइवर, गाइड दुकानदारों, होटल के बेरों को दोस्त बनाइएगा। बड़े होटलों की ज़गह वहाँ के लोकल रेस्त्रों में जाकर स्थानीय व्यंजनों का रसास्वादन कीजिएगा। वहाँ के स्थानीय संगीत, लोक परम्पराओं को आत्मसात कीजियेगा। हो सके तो वहाँ की वेशभूषा में फोटो खिंचवाइये। कहने का तात्पर्य सिर्फ यही है कि खुद के सारे आवरण पूर्वाग्रह, स्वाद, आदतें छोड़कर बन जाइये - जैसा देश, वैसा भेष फिर देखिये अपनी ख़ुशी की लहर।

यात्रा के एक-एक पल का आनन्द लीजिए

एक बात हमेशा याद रखना चाहिये कि पर्यटन में धन के साथ ही हम जो सबसे कीमती निवेश कर रहे हैं वो है हमारा समय। जिसे हम बड़ी ज़हमत से चुरा पाएँ हैं। इसलिये यात्रा के एक-एक पल को जीना ज़रूरी हो जाता है जो पर्यटन में आराम के लिये जाते हैं, उनकी यात्रा झरने में उसी तरह के स्नान जैसी है जिसमें तन तो भीग जाता है पर मन सूखा। शायद आराम-सुकून के लिये हमारे घर से बेहतर कोई ज़गह नहीं हो सकती और आरामदायक नींद के लिये शयनकक्ष से ज़्यादा कोई बिस्तर भी नहीं हो सकता। इसलिये पर्यटन में सारे आलस्य, नींद, आराम छोड़कर आनंद लीजिये। अपनी यात्रा के उस एक-एक पल को जिसे आप बड़े जतन से बचाकर लाये हैं।

रस्किन बॉन्ड ने क्या खूब कहा है-

''यात्रा का रोमांच किसी पड़ाव पर नहीं, वरन् रास्तों में होता है। वे उम्मीदों से भरा नहीं हो सकता, क्योंकि ये आश्चर्य से भरा होता है।''

❑

11

अहंकार: ख़ुशी के मार्ग का अवरोधक

ना इतराओ इतना बुलंदियों को छूकर, वक्त के सिकंदर पहले भी कई हुए हैं, जहाँ देखे हैं, कभी शहंशाह के महल, वहीं अब उनके मक़बरे बने हुए हैं।

- संत राजिंदर सिंह

अहंकार को 'मद' भी कहा जाता है। मद इसलिये नशीली चीज़ें खाकर जिस प्रकार उन्मत्तता आ जाती है, उसी प्रकार छोटी सफलता पाकर मनुष्य सोचने लगता है कि मैं ही सब कुछ हूँ, मुझमें कोई त्रुटि नहीं, मेरा ज्ञान, मेरी बुद्धि दुनिया से बढ़कर है। जो चाहूँ, वह चुटकी बजाकर पूरा कर सकता हूँ। छोटी स्थिति के आदमी जिनके दिल और दिमाग छोटे होते हैं- कोई साधारण-सा लाभप्रद स्थान, महत्त्व या पद पाकर इतराने और बौराने लगते हैं। उनकी अकड़, उद्दण्डता और अशिष्टता चेहरे पर झलकने लगती है, उसे देखकर लगता है कि उन्होंने सज्जनता का मार्ग छोड़ दिया है और उद्दण्डता को अपना लिया है।

जैसा कि कवि रहीम ने कहा है-

जो रहीम ओछो बढ़ौ, तौ अति इतराय।
प्यादे सों फरजी भयो, टेढ़ो टेढ़ो जाय।।

उद्दण्डता सारी मनुष्य जाति की, सृष्टि की विधि-अवस्था की सज्जनता का अपमान है। यह किसी से भी बर्दाश्त नहीं होती है। मानव की आत्मा इसके प्रति विद्रोह करती है। जिन्हें कोई व्यक्तिगत स्वार्थ हो उनकी बात दूसरी है। वैसे साधारणतया सभी को अहंकार बुरा लगता है। भले ही उसका कोई तुरन्त विरोध न करे पर जब भी अवसर आता है

अहंकारी व्यक्ति देखता है कि उसका एक भी सच्चा मित्र इस संसार में नहीं है। चापलूस और ख़ुशामदी लोग जो अपने मतलब के लिए नाक का बाल बने हुए थे, अवसर पाते ही नीचे गिराने का प्रयास करते हैं।

अहंकारी के मन से सब सद्गुण उसी प्रकार विदा होने लगते हैं, जैसे तालाब का पानी सूखने पर उसके किनारे पर रहने वाले पक्षी अन्यत्र चले जाते हैं। अहंकार से अन्य दुर्गुणों का पोषण होता है और घमण्डी आदमी में वे सब बुराइयाँ उत्पन्न हो जाती हैं, जो गुण्डों या असुरों में होती हैं। असुर या गुण्डों का अहंकार ही आरम्भ से विकृत होता है। इसके पश्चात वे दूसरों को तुच्छ समझते हुए उनकी हर क्रिया में अपना अपमान देखने लगते हैं और अपनी औक़ात भूलकर उसका प्रतिशोध लेने के लिए विषधर साँप की तरह अनर्थ करने पर उतारू हो जाते हैं।

अहंकार में भूल जो जाता निज औक़ात।
ऐसे ही वह एक दिन हो जाता बर्बाद॥

अहंकार अनेक प्रकार के होते हैं, जैसे सम्पत्ति का अहंकार, ज्ञान का अहंकार, कर्त्तव्य का अहंकार, दायित्व का अहंकार ऐसे अनेक अहंकार होते हैं, परन्तु अहंकार की भावना दृढ़ होना ही व्यक्ति की प्रगति और आदर में बाधक है। अहंकारी वृत्ति से मनुष्य जीवन एकाकी और नाख़ुशीयुक्त हो जाता है।

अहंकार वह है, जिसमें व्यक्ति अपनी सम्पत्ति, बुद्धि, पद, ख्याति को चोंट पहुँचते ही अपना अपमान अनुभव करने लगता है। इसको अपनी भारी क्षति समझकर व्यक्ति प्रतिशोध के लिए भड़भड़ा उठता है। अपनी स्थिति को आकाश जैसा मानना और बढ़ा-चढ़ा कर बताना, हाँ में हाँ करने वालों से प्रसन्न रहना, किन्तु आलोचना करने वालों पर बिग़ड़ पड़ना, ये अहंकार के चिह्न हैं।

किसी ने अहंकार के सम्बन्ध में ठीक ही कहा है-

अहम् ने तो सिर्फ वहम पाल रखा है।
जैसे सारा कारवाँ उसी ने संभाल रखा है।

'मैं' की ज़गह 'तू' का भाव जागृत होना

'मैं' यानी अहंकार के बारे में सूफी सन्त मौलाना रूमी ने एक स्थान पर लिखा है-

आशिक (बंदा या भक्त) ने माशूक (खुदा या ईश्वर) का दरवाज़ा खटखटाया। अन्दर से आवाज़ आयी- ''कौन ?'' आशिक ने उत्तर दिया- ''मैं'' दरवाज़ा नहीं खुला।

छः माह बाद एक बार पुनः दरवाज़ा खटखटाया, अन्दर से आवाज़ आयी- ''कौन?'' आशिक ने उत्तर दिया- ''मैं''। दरवाज़ा नहीं खुला।

कई वर्षों की साधना के बाद आशिक ने जाकर माशूक का दरवाज़ा फिर से खटखटाया। अन्दर से फिर वही आवाज़ आयी- ''कौन ?'' आशिक ने ज़वाब दिया- ''तू''। दरवाज़ा तुरन्त खुल गया।

वह माशूक कोई व्यक्ति न होकर हमारे मन-मन्दिर में विराजमान परमात्मा अथवा परमार्थ भाव है। ''मैं'' की ज़गह ''मैं'' नहीं ''तू'' का भाव जागृत होना, परमात्मा का द्वार खुल जाता है।

महादेवी वर्मा की सुन्दर पंक्तियाँ हैं-

आ गये तुम, द्वार खुला है, अन्दर आओ पर तनिक ठहरो।
ड्योढ़ी पर पड़े पायदान पर, अपना अहं झाड़ आना।।

अहंकारी आँख वाला अँधा

एक भी अहंकारी व्यक्ति का ऐसा उदाहरण नहीं मिल सकता, जिसे अन्त में अपने अहंकार के कारण नारकीय स्थिति का सामना न करना पड़ा हो। चाहे वह महाशक्तिशाली रावण हो या कौरववंशी महाप्रतापी दुर्योधन हो अथवा महाक्रूर कंस हो। अहंकार व्यक्ति ही नहीं, उसके पूरे परिवार को ले डूबता है। अहंकारियों की स्थिति उन अँधों जैसी होती है, जिनके पास आँखें तो होती हैं, पर उन्हें उचित-अनुचित, अच्छा-बुरा कुछ भी दिखाई नहीं देता। पूरी लंका तबाह हो रही थी, पर रावण को लंका तबाह होना कहाँ दिखा? कंस की आँखें थीं, पर कृष्ण की शक्ति को कहाँ देख पाया? दुर्योधन क्या आँख वाला अँधा नहीं था?

अहंकार सभी गुणों को नष्ट कर देता है। सारी ज्ञान साधना को धूल में मिला देता है। ऐसे व्यक्ति अहंकार के अंधकूप में डूबे रहते हैं। उनकी स्थिति गाड़ी के नीचे चलने वाले कुत्ते के समान होती है, जो यह सोचता है कि गाड़ी उसी के बल पर चल रही है। जिसकी आँखों पर अंहकार का पर्दा पड़ा हो, उसे न तो दूसरों के गुण दिखाई देते हैं और न ही अपने अवगुणों का पता चलता है।

यदि आपके भीतर झुक जाने की ताक़त है, इच्छाशक्ति और क्षमता है तो आप अहंकार को गला सकेंगे। झुक जाना और पराजय, दो अलग-अलग बातें हैं। आदमी का अहंकार विजय और पराजय की परिभाषा भी बदल देता है। अहंकारी व्यक्ति हारने पर भी

उसे जीत की परिभाषा देता है, अजीब तर्क करता है और नरक के समान जीवन बना दुःख को आमंत्रित करता है।

अहंकार कहता है मिट जाना, लेकिन झुकना मत। खण्ड-खण्ड हो जाना, लेकिन झुकना मत। टूट जाना, बिखर जाना, लेकिन झुकना मत तो अहंकार कभी झुकने नहीं देता।

अहंकार के बारे में महावीर स्वामी का कथन बड़ा ही सटीक है-

''पत्थर के खंभे के समान कभी न झुकने वाला अहंकार आत्मा को नरक की ओर ले जाता है।''

कब आई, कब बैठी, कब उड़ गई पता ही नहीं चला

लुकमान बहुत बड़े ज्ञानी हुए हैं। दुनिया की कोई ऐसी भाषा नहीं है, जहाँ लुकमान का शब्द गहरे में प्रवेश न कर गया हो। जिन्हें लुकमान के बारे में कुछ पता नहीं, वे भी उनका नाम बड़े आदर से लेते हैं।

लुकमान ने कहानियों में ही अपना संदेश दिया है। लुकमान कहते हैं, एक मक्खी एक हाथी के ऊपर बैठ गई। हाथी को यह पता ही न चला कि मक्खी कब बैठी। मक्खी बहुत भिनभिनाई, आवाज़ें दीं और कहा, भाई! मैं तुम्हारी पीठ पर बैठ गई हूँ। वज़न लगे तो मुझे बताना, मैं हट जाऊँगी, लेकिन हाथी को कुछ सुनाई ही नहीं पड़ा।

इस बीच हाथी एक पहाड़ी नदी पर बने पुल से गुज़रा। बड़ी नदी थी, मक्खी ने नीचे देखा तो पानी को देखकर डर गई। पर बोली भाई! हम दो लोग हैं। कहीं पुल टूट न जाए। अगर तुम्हें डर लगे तो बता देना। मैं उड़ जाऊँगी। हाथी ने कुछ सुना, पर उस पर ध्यान नहीं दिया। फिर मक्खी के विदा होने का वक्त आ गया। मक्खी ने कहा, यात्रा बड़ी सुखद रही। कोई काम हो तो बताना। मक्खी की आवाज़ हाथी ने सुनी। उसने कहाँ तू कब आई, कब बैठी, कब उड़ गई, इसका मुझे पता ही नहीं चला, लेकिन तब तक मक्खी जा चुकी थी।

लुकमान कहते हैं कि हमारा होना भी ऐसा ही है। इतनी बड़ी पृथ्वी पर हमारे होने या न होने से कोई फ़र्क नहीं पड़ता। इतनी बड़ी पृथ्वी पर हमारा अनुपात हाथी और मक्खी के अनुपात से भी छोटा है। मक्खी चाहती थी कि हाथी मेरा अस्तित्व स्वीकार करे।

एक चूहा अपनों के बीच अकेला क्यों ?

एक चूहे ने हीरा निगल लिया तो हीरे के मालिक ने उस चूहे को मारने के लिए एक शिकारी को ठेका दिया। जब शिकारी चूहे को मारने पहुँचा तो वहाँ हज़ारों की संख्या में

चूहे झुण्ड बनाकर एक-दूसरे पर चढ़े हुए थे, मगर एक चूहा उन सबसे अलग बैठा हुआ था। शिकारी ने सीधा उसको पकड़ा, जिसने डायमण्ड निगला था। अचंभित, डायमण्ड के मालिक ने शिकारी से पूछा, हज़ारों चूहों में से इसी चूहे ने डायमण्ड निगला है, यह तुम्हें कैसे पता लगा? शिकारी ने ज़वाब दिया- बहुत ही आसान था, जब मूर्ख धनवान बन जाता है तक वह अहंकारी भी हो जाता है और अपनों से भी मेल-मिलाप छोड़ देता है और अकेला रहना पंसद करता है।

थोथा चना बाजे घना

कुछ लोगों को अपने आप पर बड़ा घमण्ड होता है। उनको लगता है कि उनके कारण ही सब कुछ हो रहा है। कुछ ऐसे भी लोग होते हैं, जो सिर्फ यही नहीं समझते कि मैं बहुत अच्छा हूँ, बल्कि ओरों को भी बताते फिरते हैं कि मैं ही अच्छा हूँ। मेरे पास बहुत धन-सम्पत्ति है। ज़्यादातर लोग इन दो अवस्थाओं के बीच जीते रहते हैं। मनुष्य कितना भी गोरा क्यों न हो, परन्तु उसकी परछाई सदैव काली होती है। मैं श्रेष्ठ हूँ यह आत्मविश्वास है, लेकिन सिर्फ मैं ही सर्वश्रेष्ठ हूँ यह अहंकार है।

अपने अहंकार को काबू में न रखा जाए तो फिर इंसान ख़ुशी की ज़िन्दगी नहीं जी पाता, क्योंकि जहाँ पर घमण्ड आ जाता है, वहाँ आदमी बढ़-चढ़कर बातें करना शुरू कर देता है। महापुरुष समझाते हैं कि अहंकार में इंसान सच्चाई से बहुत दूर चला जाता है।

अहंकार के कारण इंसान को गुस्सा भी आता है। यदि एक अहंकारी आदमी आया और सामने वाला भी अहंकारी निकल आया तो पहला अपनी बात करेगा, पर दूसरा उसकी बात सुनेगा नहीं। पहला सुनाना चाह रहा है, दूसरा सुन नहीं रहा है तो गुस्सा बढ़ता चला जाएगा। इसलिए ख़ुश रहना है तो अहंकार को नियंत्रित रखना ज़रूरी है।

वास्तविकता में बड़ा आदमी अपने मुँह से कभी अपनी प्रशंसा नहीं करता, जैसा कि कवि रहीम ने कहा है-

बड़ा बड़ाई न करे बड़ा न बोले बोल,
रहिमन हीरा कब करे, लाख टका मेरा मोल।

12

ख़ुशी की अभिव्यक्ति अश्रुओं के रूप में भी

आँसू और मुस्कुराहट इस दुनिया की सबसे खूबसूरत जोड़ी है। इन दोनों का एक साथ मिलना मुश्किल है, लेकिन जब ये दोनों मिलते हैं वो पल सबसे खूबसूरत होता है।

- डॉ. विलियम फ्रे

मनोचिकित्सकों ने अनेक वर्षों के अध्ययन एवं अनुसंधान से यह सिद्ध कर दिया है कि ''हँसने की तरह रोना भी एक स्वास्थ्यवर्धक टॉनिक है।'' यह जानकर आपको ज़रूर कुछ अटपटा लगेगा, लेकिन सत्य है। आप किसी कारण टेंशन में हैं और आप रो लेते हैं तो आपको नींद अच्छी आयेगी। इसका सबसे बड़ा उदाहरण है:- बच्चों का रोने के बाद सो जाना अथवा यों कहें कि वे सोने के लिए रोते हैं।

मुंशी प्रेमचन्द का कथन है- रूदन में कितना उल्लास, कितनी शान्ति, कितना बल है, जो एक कभी एकांत में बैठकर किसी की स्मृति, किसी के वियोग में सिसक-सिसक और बिलख-बिलख नहीं रोया वह जीवन के ऐसे सुख से वंचित है, जिस पर सैकड़ों हँसियाँ न्योछावर हैं। उस मीठी वेदना का आनन्द उन्हीं से पूछो जिन्होंने यह सौभाग्य प्राप्त किया है। रूदन के पश्चात एक नवीन स्फूर्ति, एक नवीन जीवन, एक नवीन उत्साह का अनुभव होता है।

सुप्रसिद्ध शायर फ़िराक़ गोरखपुरी ने रोने के बारे में क्या खूब कहा है-

एक उम्र पड़ी है सब्र भी कर लेंगे।
इस वक्त तो जी खोल कर रो लेने दो।।

सकारात्मक नज़रिया

आज की जटिल एवं तनावग्रस्त जीवन पद्धति में आँसुओं की महत्ता एवं उपयोगिता के सम्बन्ध में अमेरिका के डॉ. जेम्स बॉण्ड ने अपने कई वर्षों के अनुसंधान के आधार पर यह निष्कर्ष निकाला है कि यदि पुरुष कभी-कभी रो लिया करें तो उनके स्वास्थ्य में काफी सुधार हो सकता है, क्योंकि मनुष्य ही एक ऐसा संवेदनशील प्राणी है जो मानसिक आघातों से त्रस्त होकर आँसू बहा सकने में समर्थ है।

रोना एक निश्छल भाव है। कई अध्ययनों से यह बात सामने आई है कि जो लोग सहज भाव से रोते हैं, वे अधिक स्वस्थ रहते हैं, ख़ुश रहते हैं और उनका जीवन के प्रति नज़रिया भी सकारात्मक रहता है। विशेषज्ञों का यहाँ तक कहना है कि रोने से दिमाग में पूर्व निर्मित नकारात्मकता आँसुओं के साथ बाहर निकल जाती है और उसके स्थान पर सकारात्मकता का प्रवेश होता है।

रोने से मूड और सेहत पर भी सकारात्मक प्रभाव पड़ता है। डॉ. वाइल्स्या का कहना है कि- आँसू का उद्देश्य दूसरों को तकलीफ बताना है। संकेत देना कि मदद की जरूरत है और कोई अलग-अलग महसूस कर रहा है, यदि कोई रोता है तो उसे बताए आप उसके साथ हैं - वह चमत्कारिक रूप से मददगार है।

स्त्रियों की सबसे लम्बी आयु का राज़

अमेरिका के एक प्रसिद्ध मनोचिकित्सक डॉ. विलियम ब्रियान के अनुसार अमेरिका के पुरुष से वहाँ की स्त्रियों की लम्बी आयु का रहस्य रोना ही है, क्योंकि स्त्रियाँ अपनी पीड़ा व मनोव्यथा को अक्सर आँसुओं के सहारे बाहर निकालती रहती हैं। डॉ. ब्रियान के कथनानुसार अमरीकी स्त्रियाँ ऐसी फ़िल्में देखने की बड़ी शौकीन होती हैं, जिनमें रोना आता हो, जबकि पुरुष ऐसी फ़िल्में कम देखते हैं। शाायद रो-रोकर वे अपनी आयु बढ़ा लेती हैं।

भारत में हृदय रोग एवं रक्तचाप से पीड़ित लोगों की संख्या में निरन्तर वृद्धि हो रही है, लेकिन यह वृद्धि पुरुषों की अपेक्षा महिलाओं में बहुत कम है। इसीलिए पुरुषों की तुलना में स्त्रियों में दिल के दौरे के केस कम ही सुनने में आते हैं, क्योंकि स्त्रियाँ रोने के द्वारा अपना दिल हल्का कर लेती हैं। प्रचलित एक लोकोक्ति ''रो लेने दो मन हलका हो जावेगा।'' आज पूरी तरह एक वैज्ञानिक सच्चाई बन गई है, इसलिए किसी ने ठीक ही कहा है-

कौन कहता है ?
आँसुओं में वज़न नहीं होता,
एक आँसू भी झलक जाता है
तो मन हलका हो जाता है।

रोना आए तो रोको मत, रो लेने दो

भावनात्मक आँसू व्यक्ति को उदासी, अवसाद व गुस्से से मुक्त होने योग्य बनाते हैं। यही आँसू नकारात्मकताग्रस्त व्यक्ति को हद से बाहर जाने से भी रोकते हैं। रोने से मन का सारा मैल धुल जाता है। विश्व की प्राचीनतम और पूर्ण वैज्ञानिक चिकित्सा पद्धति आयुर्वेद ने आँसू रोकने से होने वाले रोगों का उल्लेख करते हुए लिखा है कि आँसुओं को रोकने से ज़ुकाम, आँखों व सिर में दर्द, हृदय पीड़ा, अरुचि, चक्कर आना आदि रोग हो जाते हैं। एक व्यक्ति अपने जीवनकाल में औसतन 60 लीटर आँसू बहाता है। आँसू में सोडियम क्लोराइड होता है जो उसे नमकीन बनाता है। इसके अलावा इसमें प्राकृतिक कीटाणुनाशक, लाइसोजाइम एंजाइम और एंटीबाडीज होते हैं, जो आँखों को संक्रमण से बचाते हैं।

अमेरिका के 'टीचर रिसर्च सेन्टर' में क्राइंग (रोना) थैरेपी पर अध्ययन कर रहे डॉ. विलियम फ्रे का कथन है कि- ''चिकित्सा की दृष्टि से कहा जाए तो आँसू हमारे शरीर में एक प्रकार के उत्सर्जक हैं। जिस प्रकार पसीना हमारे शरीर से अत्यधिक नमक बाहर निकालता है, उसी प्रकार आँसू 'टॉक्सिन' बाहर निकालते हैं। आँसू, आँखों को संक्रमण से बचाते हैं, साथ ही उनमें नमी बनाए रखते हैं। यह नमी आँखों को धूल, मिट्टी और कीटाणुओं से सुरक्षित रखती है, तनाव को कम करती है और मानसिक रूप से मजबूत बनाती है। यदि हमें ठीक से आँसू बहाना आ जाए तो हम अपनी कुछ दवाओं से मुक्ति पा सकते हैं। एक चिकित्सक का कथन है कि ''रोने से फेफड़े खुल जाते हैं, मुँह धुल जाता है, आँखों की कसरत हो जाती है और मिजाज़ ठीक हो जाता है। यदि रोना आए तो रोको मत।''

डॉ. विलियम फ्रे कहते हैं कि तनाव के साथ कुछ हॉर्मोन हमारे भीतर बढ़ जाते हैं, जब वे हार्मोन आँसू में बह जाते हैं तो इनका स्तर शरीर में कम हो जाता है। इससे हम हलका महसूस करते हैं। इन्हीं आँसुओं को यदि बहने से रोकते हैं तो ये 'टॉक्सिन' की तरह काम करते हैं और हमारे शरीर की प्रतिरोधन क्षमता को कमज़ोर बनाते हैं।

आँसू ईश्वर का उपहार

स्त्री हो या पुरुष अच्छी तरह रोने से तनाव और दिल के दर्द से मुक्ति मिल जाती है। जब दुःख आता है तो रोना स्वाभाविक है। ईश्वर ने शरीर में यह राहत का तन्त्र दिया है, इसका प्रयोग किया जाना चाहिए। कुछ लोगों का मानना है कि इंसान को अपना दुःख प्रकट नहीं करना चाहिए। आँसू और सुबकियों से अपने आपको अभिव्यक्त करना उचित नहीं है, जबकि दुःख को रोकना, इसे दबाना और बोतल में बन्द रखने का मतलब है, हम ईश्वर के दिये हुए उपहार का प्रयोग नहीं कर रह हैं।

प्रसन्नता की अभिव्यक्ति अश्रुओं के रूप में

प्रसन्नता कभी-कभी रूलाई की शक़्ल में भी आ सकती है। अचानक अप्रत्याशित ख़ुशी से आँसू बहाना तो सहज है। उदाहरणार्थ मेरी बेटी डॉ. सपना माहेश्वरी पिछले 25 वर्षों से यू.के. में रहती है पति डॉ. रोहित के साथ। पहली बार मैं उनसे मिलने यू.के. गया। बेटी मुझे छोड़ने एयरपोर्ट तक आई। मैंने उसे गले लगाकर विदा ली, हम हँसते-हँसते ही बात कर रहे थे, पर जैसे ही मैं पलटा। आँखों से एक जलधारा-सी फूट पड़ी। मैंने फिर उसकी ओर नहीं देखा। पर वह मुझे, मेरी जलधारा को खड़ी-खड़ी देखती रही। वह थमने का नाम ही नहीं ले रही थी। यह प्रसन्नता ही तो थी जो अश्रुओं के रूप में फूट पड़ी। प्रसन्नता इस बात की कि वह अच्छी तरह है, सुखी और ख़ुश है। जब आँसू आपके हों और पिघलता कोई और हो तब यह समझ लेना कि वो रिश्ता उच्च कोटि का है फिर चाहे वो रिश्ता प्रेम का हो या मित्रता का।

सानन्द मुझे खुलकर रोने दो

- माखनलाल चतुर्वेदी

राष्ट्रकवि माखनलाल चतुर्वेदी ने रोने के बारे में क्या खूब कहा है-

भाई, छेड़ो मत मुझे खुलकर रोने दो।
यह पत्थर का हृदय आँसुओं से धोने दो।
रहो प्रेम से तुम्हीं, मौज से मंजु महल में,
मुझे दुःखों की इसी झोपड़ी में सोने दो,
कुछ भी मेरा हृदय तुमसे न कह पावेगा
किन्तु फटेगा फटे बिना क्या रह पावेगा
सिसक सिसक सानन्द, मुझे खुलकर रोने दो।

❐

13

मित्रता:ख़ुशियों का अनमोल ख़जाना

मित्रता मन का माधुर्य है, जीवन का संगीत है, रिश्तों की ताक़त है। ख़ुशियों की बौछार है। इसांनियता का तकाज़ा है। मित्रता सुरक्षा का रक्षा कवच है। मुसीबत में मददगार और लाइफ इंश्योरेंस है। ज़िन्दगी के साथ भी, ज़िन्दगी के बाद भी।

- सद्गुरु जग्गी

आज के भौतिकवादी युग में बहुत कुछ होते हुए भी लोग ख़ुश नहीं हैं। भौतिकवाद ने हमारी ख़ुशियाँ, मन का सुकून काफी हद तक छीन लिया है। हर क्षेत्र में सुविधाओं से जटिलताएँ भी बढ़ी हैं। अधिक पैसा कमाने की होड़ में इंसान स्वयं से भी नाता तोड़ बैठा है। उसे यह पता ही नहीं कि वास्तव में वह ख़ुश है या नहीं। बहुत कुछ होते हुए भी लोगों को ज़िन्दगी में ख़ुशी और शांति नहीं मिल पाती जिसकी तमन्ना सभी करते हैं।

दोस्ती में आत्मीयता का भाव रहता है, एक-दूसरे के लिए असाधारण आकर्षण रहता है। एक-दूसरे का हित चाहते हैं, समृद्धि चाहते हैं, सुख चाहते हें और सहायता के लिए तैयार रहते हैं, भूलों और कमजोरियों को उदारतापूर्वक सहन कर लेते हैं तथा मुसीबत के समय बड़े से बड़ा त्याग करने के लिए तैयार रहते हैं। किसी शायर ने क्या खूब कहा है-

क्यों मुश्किलों में साथ देते हैं 'दोस्त'
क्यूँ ग़म को बाँट लेते हैं 'दोस्त'
न रिश्ता खून का, न रिवाज़ से बँधा
फिर भी ज़िन्दगी भर साथ देते हैं 'दोस्त'।

दोस्त हमारे आनन्द, उल्लास और सुख को कई गुना बढ़ा देते हैं और हमारी सारी पीड़ा और परेशानी को बाँट कर बहुत कम कर देते हैं। सारी मनुष्य जाति का ख़ुशी मनाने का तरीका

एक ही है- लोगों को इकट्ठा करना, भोजन, दावत आदि का आयोजन करना, नाचना, गाना। सगाई, विवाह हो, पुत्र जन्म हो, बर्थ डे हो या फिर पुरस्कार पाने की ख़ुशियाँ हों, सभी का उफान ठण्डा ही रहता है, जब तक हम दोस्तों को इकट्ठा न कर लें। यूरीपिडिन का कथन है कि विवेकी मित्र ही दुनिया का सबसे बड़ा वरदान है।

किसी ने ठीक ही कहा है-

अच्छे मित्र, अच्छे रिश्तेदार और अच्छे विचार जिसके पास होते हैं उसे दुनिया की ताक़त दुःखी नहीं कर सकती।

घर के पास एक अच्छे भले पड़ोसी का साथ मिल जाए तो मकान की क़ीमत दुगुनी हो जाती है पर ज़िन्दगी में एक अच्छे मित्र के प्रवेश से आपकी ख़ुशियाँ कई गुना बढ़ जाती है।

किसी ने ठीक ही कहा है-

क्या ज़रूरत है बहारों की, क्या ज़रूरत है चाँद सितारों की।
अच्छा दोस्त हो ज़िन्दगी में, तो कहाँ ज़रूरत है हज़ारों की।।

दोस्ती एक अनमोल रिश्ता - इसे खोएँ नहीं

दोस्ती का रिश्ता अनमोल है। यदि यह रिश्ता न हो तो हम और आप उतनी ख़ुशी से नहीं जी पाते जितने जी रहे हैं।

किसी ने सच कहा है कि -

ज़िन्दगी जीने के लिए जीना, गुज़ारना नहीं। यदि हम मित्रों के साथ ज़िन्दगी को ख़ुशी के साथ जीते रहेंगे तो वाकई इसमें आने वाली समस्याओं पर भी यूँ ही काबू पा सकेंगे, लेकिन जैसे ही हमने उसे ढोने के बारे में सोच लिया तो समझो जीवन जीने के मायने ही बेमानी लगने लगेंगे। दोस्ती में लोग भले ही अलग-अलग तरह से जुड़े हों, लेकिन बिना किसी प्रलोभन के ज़रूरत के समय वे आपके साथ खड़े हो जाते हैं।

सच्ची मित्रता में उत्तम वैद्य की-सी निपुणता और परख होती है, अच्छी माता में धैर्य और कोमलता होती है, ऐसी ही मित्रता ज़िन्दगी में ख़ुशियों की चाबी होती है।

ऐसे लोगों को मित्र मत बनाइए जो पंछी की तरह सरोवर पर आकर बैठते हैं, दाना-पानी चुगते हैं और उड़ जाते हैं। मित्र ऐसा हो मछली की तरह चाहे सुख हो या दुःख हर हालत में पानी के साथ रहे।

मित्रता में निवेश करें-पाएँ ख़ुशियाँ

अमेरिका के मिशीगन स्टेट यूनिवर्सिटी के शोधकर्ताओं ने दोस्ती और पारिवारिक रिश्तों

का अध्ययन किया उसका निष्कर्ष निकालते हुए प्रो. विलियम चैपिक का कहना है-

''आपके साथ और आस-पास रहने वाले कुछ अच्छे दोस्त आपकी ज़िन्दगी को बेहतर बना सकते हैं। वे स्वस्थ रहने के लिहाज़ से भी सबसे बड़े शुभचिन्तक बन सकते हैं। इसलिए मित्रता में निवेश करना सबसे अच्छी बात है। इसके अतिरिक्त दोस्त हमेशा आपको ख़ुश रखते हैं। वे हमें सकारात्मक बनाते हैं दुःख और निराशा आदि बातों से दूर रखते हैं। अकेले होने और परिवार से दूर होने पर भी वे हमको ज़्यादा मदद करते हैं। वे हमारे पारिवारिक रिश्तों में तनाव को भी दूर करने में सहायता करते हैं।''

दोस्ती में आत्मीयता का भाव रहता है, एक-दूसरे के लिए असाधारण आकर्षण रहता है। एक-दूसरे का हित चाहते हैं, समृद्धि चाहते हैं, सुख चाहते हैं और सहायता के लिए तैयार रहते हैं, भूलों और कमजोरियों को उदारतापूर्वक सहन कर लेते हैं तथा मुसीबत के समय बड़े से बड़ा त्याग करने के लिए तैयार रहते हैं।

किसी ने पूछा- इत्र और मित्र में क्या फ़र्क है? उत्तर मिला- जो माहौल को महका दे वह इत्र और जो जीवन को महका दे वह मित्र।

मैं, मित्रों की तलाश करूँगा-हेनरी फोर्ड

''आप भले ही करोड़ों की ज़ायदाद के मालिक क्यों न हों जब तक शाम को चार दोस्त आपका इंतज़ार न कर रहे हों तो आप गरीब हैं।''

सुप्रसिद्ध दार्शनिक सिसरो ने लिखा है-

''इस संसार में मित्रता से अधिक कुछ भी मूल्यवान नहीं है।''

दोस्त और रिश्ते ये वो चीज़ें हैं जो हमें मुफ़्त में मिलती है। मगर इनके बेशकीमती होने का अहसास तब होता है जब ये कहीं खो जाती हैं।

धन कुबेर हेनरीफोर्ड से अमेरिका के एक पत्रकार ने पूछा-

क्या आपके जीवन में ऐसी भी वस्तु है जिसे आप प्राप्त न कर सके हों?

हेनरी फोर्ड ने उत्तर दिया-

यदि मुझे अपना जीवन फिर से शुरू करना पड़े तो मैं मित्रों की तलाश करूँगा। मेरे धन ने मुझे मित्रों से नहीं मिलने दिया। धन या कोई वस्तु देकर मैत्री नहीं खरीदी जा सकती। मनुष्य के गुण देखकर वह स्वयं मिल जाती है।

आदमी केवल पैसों से धनवान नहीं होता असली धनवान वह है जिनके पास अच्छी सोच और अच्छे दोस्त हैं।

हरिवंश राय बच्चन की दोस्ती के बारे में एक सुन्दर कविता है-

अगर बिकी तेरी दोस्ती तो पहले खरीददार हम होंगे
तुझे ख़बर न होगी तेरी क़ीमत,
पर तुझे पाकर हम सबसे धनवान होंगे।

सच्चे मित्र मिल जाना दैवीय वरदान

मनुष्य अपने पसंदीदा वातावरण और दोस्तों के साथ रहने से बहुत ख़ुशी अनुभव करता है। उसका मन प्रफुल्लित रहता है और उसकी कार्यक्षमता बढ़ जाती है। चेहरा लाल गुलाब की तरह खिला-खिला दिखाई देता है। ख़ुश रहने के लिए व्यक्ति को और क्या चाहिए? दोस्त और पंसदीदा माहौल।

किसी शायर ने ठीक ही कहा है-

दोस्तों की महफिल में आकर ख़ुशी के फूल खिल जाते हैं
दुःख चाहे बड़ा क्यों न हो यहाँ आकर भूल जाते हैं।

महात्मा गाँधी ने कहा है-

सच्चे मित्र मिल जाना मनुष्य के लिए दैवी वरदान है। मित्रता बहुमूल्य है, उतना ही इसे पैदा करना, स्थिर रखना, सदा कायम रखना भी कठिन है। मित्रता स्थिर रखने के लिए एक-दूसरे के व्यक्तिगत दोषों को गौण समझना होगा। अन्यथा दोष दर्शन, आपसी छींटाकशी, आरोप-प्रत्यारोप से मित्रता टूट जाती है। मित्रता को स्थिर रखने का पूर्ण आधार है। मित्र के सद्गुणों का पता करना उन्हें प्रोत्साहन देना और सबसे अहम आवश्यकता है, सहिष्णुता और उदारता की।

दोस्त बिना ज़िन्दगी, ज़िन्दगी नहीं

दोस्ती दो दिमागों का मिलन नहीं है, दो दिलों का मेल है। यदि किसी व्यक्ति का कोई दोस्त ही नहीं है तो ऐसे व्यक्ति की ज़िन्दगी, ज़िन्दगी ही नहीं है वह तो आत्मारहित मात्र एक चलता-फिरता पुतला है।

उम्र और ज़िन्दगी में बस इतना फ़र्क है कि जो दोस्तों के बिना बीती वो उम्र और जो दोस्तों के साथ गुज़ारी वो ज़िन्दगी।

किसी शायर ने क्या खूब कहा है-

समंदर न हो कश्ती किस काम की
मज़ाक न हो तो मस्ती किस काम की
दोस्ती के लिए कुर्बान है यह ज़िन्दगी
अगर दोस्त न हो, फिर ये ज़िन्दगी किस काम की

दोस्ती के बारे में मैंने एक दिलचस्प बात किसी पत्रिका में पढ़ी थी, वह यथावत् प्रस्तुत है-

मैंने, मेरे एक दोस्त को फोन किया और कहा कि यह नया नम्बर है सेव कर लेना। उसने बहुत अच्छा उत्तर दिया जिसे सुनकर मेरे आँखों में आँसू निकल आए। उसने कहा तेरी आवाज़ मन में सेव कर रखी है। नम्बर तू चाहे कितनी बार भी बदल ले, मुझे कोई फ़र्क नहीं पड़ता। मैं तुझे तेरी आवाज़ से ही पहचान लूँगा।

ख़ुशियों की चाबी दोस्ती

अधिकांश लोग पैसा और स्टेट्स को ख़ुशहाल ज़िन्दगी की चाबी मानते हैं, परन्तु यह बात सच नहीं है। ख़ुशियों की वास्तविक चॉबी तो आपके अपनों के पास है, बस आवश्यकता है उसे जानने की। हार्वर्ड यूनिवर्सिटी के एक शोध में यह बात कही गई है कि लम्बे समय तक स्वस्थ रहने के लिए दोस्तों से मजबूत रिश्ता सबसे महत्त्वपूर्ण भूमिका निभाता है। यह शोध कोई 3-4 वर्ष पुराना नहीं है, बल्कि पूरे 75 वर्ष तक हार्वर्ड में इस पर काम चला है और जो बात निकल कर सामने आयी कि **"मजबूत रिश्ते ही जीवन में ख़ुशहाली का राज़ होते हैं।"**

इमर्सन का कहना है-

हम अपनी तंदुरूस्ती का ध्यान रखते हैं, हम पैसा इकट्ठा करते हैं, हम अपने कमरों को बन्द रखते हैं, हम मनपसंद पर्याप्त कपड़े पहनते हैं, परन्तु वही व्यक्ति समझदार है जो सबसे अच्छी सम्पत्ति 'मित्रता' में निवेश करता है।

आप सच्चे मित्र की बारीकी से पहचान करें और फिर किसी भी हालत में दूसरों के बहकावे में आकर उसे खोएँ नहीं। आख़िरकार एक सच्चा मित्र आज की भीड़ भरी भौतिकवादी अनजान दुनिया में मुश्किल से मिलता है और उसे खो देने के बाद आप पछताने के अलावा कुछ नहीं कर पाएँगे।

किसी ने ठीक ही कहा है-

दोस्त और रिश्ते ये वो चीज़ हैं जो हमें मुफ़्त में मिलती हैं। मगर इनके बेशकीमती होने का अहसास तब होता है, जब ये कहीं खो जाती हैं।

किसी विचारक ने कहा है-

किसी से दोस्ती ऐसी निभाओ कि देखकर आपके दुश्मन भी ये कहें कि काश हम भी इनके दोस्त होते।

❑

14

वाणी को वीणा बनाएँ-सुनें ख़ुशी का संगीत

दो मीठे बोल प्यार के भी क्या कमाल दिखाते हैं।
लगते हैं दिल पर वे और चेहरे खिल जाते हैं।।

- कुलविंदर कमाल, गीतकार

ख़ुश रहकर जीवन जीना है तो व्यक्ति को अपनी वाणी में मिठास और शालीनता रखना ज़रूरी है। बोली की मिठास और शालीनता की तुलना किसी भी वस्तु से नहीं की जा सकती है। न तो आभूषणों की भव्यता से, न ही शूरता से, न विद्वत्ता से और न ही सम्पदा से। यही कारण है कि नीतिशास्त्र की पुस्तकों में स्थान-स्थान पर इस बात को दोहराया गया है कि व्यक्ति को मीठा और सुखद ढ़ंग से बोलना चाहिए। अगर हम चाहते हैं कि सबके प्रिय हो तो हमारी वाणी में सभी मनुष्य के प्रति स्नेह और नम्रता का भाव होना चाहिए और यह कर्ण माधुर्य होना चाहिए।

कुछ लोग इस तरह से बोलते हैं मानों फूल खिल रहे हों, जिनकी सुगंध हमारे व्यक्तित्व को भी सुगंधित करे। आवश्यक यह है कि हम बोलते समय पुष्प वर्षा भले ही न कर सकें, किन्तु किसी के हृदय को शब्दों से आहत भी न करें।

कौवे और कोयल के रंग-रूप समान होते हैं, परन्तु कोयल की कूक सबको अच्छी लगती है और काँव-काँव कोई नहीं सुनना चाहता, न कोयल किसी को कुछ सौंप देती है और न कौआ किसी का कुछ हरण कर लेता है। केवल वाणी भेद का ही चमत्कार है। इतना ही नहीं, अप्रिय वाणी बोलने वाले के लिए भी यही कहा जाता है कि वह जब देखो

तब काँव-काँव करता रहता है। बाहर से देखने में सभी मनुष्य एक से दिखाई देते हैं, परन्तु मीठी वाणी बोलने वाला सबके दिल में ज़गह बना लेता है और अप्रिय वाणी बोलने वाला व्यक्ति परहेज़ की चीज़ बन जाता है।

किसी ने ठीक ही कहा है-

कागा काको धन हरै, कोयल काकौ देय
मीठी वाणी बोलकर जग अपना कर लेय।

ख़ुश रहने का मंत्र

एक बड़े विद्वान संत लम्बे अर्से से बीमारी से ग्रसित थे और जब वे जीवन की अंतिम साँसें गिन रहे थे। तभी उनके एक शिष्य ने कहा-

गुरुजी जाते-जाते ख़ुश रहने का कोई मंत्र बताने की कृपा कीजिए।

गुरुजी ने अपना मुँह खोलकर बोले- क्या मेरे दाँत हैं?

शिष्य बोला - नहीं।

फिर गुरुजी ने पूछा - क्या मेरे मुँह में जीभ है?

शिष्य ने उत्तर में कहा- हाँ, है।

गुरुजी ने फिर शिष्य को कहा मेरे सभी दाँत गिर गए, लेकिन जीभ मौजूद है। क्या तुम इसका मतलब समझते हो?

शिष्य ने आश्चर्य से गुरु की ओर देखा और बोला- नहीं गुरुजी।

गुरुजी मुस्कुराए और बोले- दाँत कठोर होते हैं और जीभ कोमल। यानी जो व्यक्ति अपने जीवन में जीभ जैसा कोमल व विनम्र बना रहता है वह हमेशा ख़ुश रहता है।

कुदरत ने हमारे शरीर की रचना बड़ी अद्भुत की है और मुलायम या कोमल अंग के रूप में दी है ज़ुबान। इसमें कोई सख़्ती नहीं, तो फिर हम क्यों सख़्त बोलें? हमेशा ही मीठा बोलें।

किसी ने ठीक कहा है-

कुदरत को नापसंद थी, सख़्ती ज़ुबान में।
पैदा नहीं हुई इसलिए हड्डी ज़ुबान में।।

संत श्री ललितप्रभ का कहना है कि अपनी मुस्कान को बढ़ाइए। मुस्कान चेहरे के सौन्दर्य को बढ़ाती है और गुस्सा उसे मिट्टी में मिला देती है। गुस्से को जीवन से माइनस कीजिए और मुस्कान को प्लस। सच में आप जीवन में ख़ुश ही रहेंगे।

पराए को अपना बनाएँ मीठी वाणी

ईश्वर ने व्यक्ति को वाणी का अनूठा वरदान दिया है। इसके ज़रिए वह अपने भावों को अभिव्यक्त करता है। मीठी वाणी से किसी का भी दिल जीता जा सकता है।

इसलिए कहा गया है-

पराए को अपना बनाए मधुर वाणी, जबकि कड़वे बोल किसी भी व्यक्ति के दिल को तोड़ सकते हैं।

संत महात्मा मीठी वाणी बोलने का उपदेश देते हैं। निश्चित ही मीठी वाणी सुख और आनन्द का मार्ग प्रशस्त करती है। तुलसीदास जी ने मीठे वचनों को वशीकरण मंत्र बताते हुए कठोर वचनों को त्याग देने की सलाह दी है-

वशीकरण एक मंत्र है तज दे वचन कठोर।
तुलसी मीठे वचन ते, सुख उपजत चहुँ ओर।।

संयुक्त अरब अमीरात (यू.ए.ई.) में हैप्पीनेस मंत्रालय

बच्चे हो या बूढे। नौकरी पेशा हों या बेरोजगार। खिलाड़ी हों या बिजनेसमैन। कुछ भी हो पर आपके लिए हँसना और मुस्कुराना ज़रूरी है, क्योंकि लोगों की ख़ुशी ही देश का राष्ट्रीय लक्ष्य है। जो ऐसा नहीं करते, उनके लिए हैप्पीनेस वर्कशॉप और सेमीनार शुरू किए हैं। इसमें लोगों को ख़ुश रहने के लिए हँसना व मुस्कुराना सिखाया जा रहा है।

ये देश है संयुक्त अरब अमीरात (यू.ए.ई.)। दरअसल कुछ दिन पहले ही यहाँ हैप्पीनेस मंत्रालय बनाया गया था। इसके बाद मंत्रालय ने देश में 100दिन का हैप्पीनेस और पॉजिटिविटी एजेंडा लागू किया है। जिसे पूरा करने के लिए अब स्कूलों, निजी व सरकारी ऑफिसों, संस्थाओं, कार्यालयों में लोगों को खूब हँसने और मुस्कुराने को कहा गया है। इससे यूएई में हैप्पीनेस बिजनेस भी शुरू हो गया है। देश में लॉफ्टर ट्रेनरों और योग गुरुओं की माँग बढ़ गई है। फिटनेस ट्रेनर और योग गुरु वर्कशॉप व सेमीनार कर लोगों को हँसना और मुस्कुराना सिखा रहे हैं।

बैंक ख़ुश रहने के लिए दे रहे स्कीम

मशरीक बैंक ने देश में एक अनूठी पहल की है। बैंक का कहना है कि बैंकिंग फन क्यों नहीं बन सकता। बैंक ने राष्ट्रीय एजेंडे को पूरा करने के लिए पहला हैप्पीनेस अकाउंट लांच

किया है। इसमें पहली सेलेरी डालते ही कस्टमर्स को ख़ुशी से जुड़ी कई स्कीम दी जाती है।

सूत न कपास फिर भी लठ्ठम-लठ्ठा

प्रायः देखा गया है कि कुछ लोग अपनी वाणी पर संयम नहीं रख पाते। वे बिना सोचे-समझे जो मन में आता है बोले जाते हैं। उनका कहने का ढ़ंग भी ताना भरा और कटु होता है। यहाँ तक कि वे अपने सगे-सम्बन्धी एवं परिवारजनों को कोसने लगते हैं। ऐसे व्यक्तियों से सभी कन्नी काटने लगते हैं और वे अनजाने में ही अपने चारों ओर काँटे बिखरा लेते हैं। इस आदत से वे न केवल स्वयं दुःखी रहते हैं, परिवारजनों को दुःखी बना देते हैं।

एक किसान ने अपनी पत्नी से कहा- इस बार फसल अच्छी हुई तो सोचता हूँ, एक भैंस खरीद लूँ।

पत्नी ने कहा - खरीद लो, लेकिन एक बात मैं पहले से ही बता देती हूँ कि भैंस के दूध से जो मलाई निकलेगी, उसे मैं अपनी माँ को खिलाऊँगी। वह बहुत कमजोर हो गई है।

वाह! भैंस हमारी, चारा-पानी और सेवा हमारी और मलाई खाए तुम्हारी माँ, ऐसा कतई नहीं हो सकता।

पत्नी ने अपनी बात फिर से दोहराई तो पति ने अनाप-शनाप कहते हुए उसे गाली दे दी। गाली खाकर पत्नी ने अपना रौद्र रूप धारण कर लिया और फिर क्या महाभारत छिड़ गया। सारा गाँव इकट्ठा हो गया। झगड़ा उस भैंस के लिए जो फसल आने पर खरीदी जायेगी। अभी तो भैंस खरीदी ही नहीं गई है।

अपनी वाणी को वीणा बनाएँ, बाण न बनाएँ, क्योंकि वीणा बनेगी तो जीवन में संगीत होगा और अगर बाण बनेगी तो जीवन में महाभारत होगा।

15

कृतज्ञता: विनम्रता और ख़ुशी का वाहक

कृतज्ञ या आभारी महसूस करना और इस भावना को व्यक्त न करना वैसा ही है, जैसे उपहार को अच्छी तरह पैक करना, पर किसी को देना नहीं।

- विलियम ऑथर वार्ड

शुक्रिया कहें, धन्यवाद कहें, थैंक यू कहें। इन सबका निचोड़ एक ही है, आभार। आभार एक छोटा-सा शब्द है जिसमें विस्तृत अर्थ समाया हुआ है। इसके द्वारा बड़ी आसानी से दूसरों को अपना बनाया जा सकता है। यह एक सामान्य शिष्टाचार भी है। कृतज्ञता प्रकट करने से सहायता करने वाले को उसके कार्य की महत्ता का ज्ञान होता है और कृतज्ञता रूपी प्रतिफल का आनन्द मिलता है। मनोवैज्ञानिकों के अनुसार कृतज्ञता का भाव ख़ुशी देने वाला है जो जितना ज़्यादा आभारी होता है उसका कल्याण स्तर भी उतना ही अधिक होता है। आभारी लोग ज़्यादा ख़ुश, कम उदास और कम थके होते हैं।

कृतज्ञता आत्मविश्वास की बूटी भी है। आत्मविश्वास के लिए विद्वानों ने कई गुणों की व्याख्या की है, लेकिन इनमें सर्वोत्तम गुण है कृतज्ञता। कृतज्ञता से जीवन सुगंध का संचार होता है। इससे व्यक्तित्व में आकर्षण बढ़ता है। वह अधिक सुशील और विनम्र होता है, उसमें अहम् का भाव दूर होता है और दया भाव पैदा होता है जो ख़ुशी का कारक बनता है।

हमारा जीवन मानवीय सम्बन्धों के बल पर ही चलता है। हम एक-दूसरे को उपकृत करते हैं और खुद भी लाभान्वित होते हैं जिनसे आपको कुछ मिला उसके योगदान को याद करें और बोलकर ही नहीं प्यार, सम्मान, सराहना, लगाव जैसे तरीकों से उनका आभार मानें। किसी के प्रति आभार व्यक्त करने में कोई पैसा ख़र्च नहीं होता, न समय फिर भी हम इस शक्तिशाली भावना की अनदेखी करते हैं।

किसी की सहायता, सहयोग और हमदर्दी के उत्तर में कृतज्ञता व्यक्त करना या धन्यवाद अथवा शुक्रिया कहना शिष्टाचार का जो पहला अध्याय है, अफ़सोस की बात है, हम भारतीयों द्वारा उसका पालन कम ही किया जाता है। हम किसी के उपकार को इस प्रकार ग्रहण कर लेते हैं जैसे वह हमारा कर्ज़दार हो। हमारे मुँह से शुक्रिया, धन्यवाद, थैंक यू, कृपया जैसे शब्द निकलते ही नहीं।

चीन की एक कहावत है जब कभी झरने से जल पियो तो झरने को मत भूलो। शुक्रगुज़ार लोग अपने जीवन में न केवल सफल ही रहते, वरन् सुखी भी रहते हैं। आप भी अपने-अपने जीवन में शुक्रगुज़ार बने।

धन्यवाद या शुक्रिया कहना न केवल रिश्तों को मजबूत करता है, बल्कि एक सकारात्मक दृष्टिकोण भी पैदा करता है। आभार व्यक्त करने से जीवन में ख़ुशी और संतोष की भावना बढ़ती है, साथ ही ऐसा करना मानसिक और भावनात्मक स्वास्थ्य के लिए भी फ़ायदेमंद है।

कवि शेख सादी का कथन है कि आप जितने कृतज्ञता के क़द्रदान होंगे उतने आप रोष, अवसाद और हताशा के कम शिकार बनेंगे। कृतज्ञता उस अमृत की तरह काम करेगी जो धीरे-धीरे आपके अहंकार के कड़े कवच को गलाकर आपको उदार व्यक्ति में बदल देगी।

कृतज्ञता भाव हमारी संस्कृति का अंग

कृतज्ञता का भाव हमारा जीवन समृद्ध करता है। कुछ वैज्ञानिकों ने भी पाया कि कृतज्ञ लोगों को कई तरह के मनोवैज्ञानिक व शारीरिक लाभ मिलते हैं तथा वे अधिक ख़ुश रहते हैं। आधुनिक विज्ञान भले ही अब कृतज्ञता व इसके प्रभाव पर शोध कर रहा है। मगर प्राचीन सभ्यताओं ने हमेशा से इस भाव का महत्त्व जाना, समझा है और उस पर बल दिया है। यही कारण है कि कई देशों की संस्कृतियों में कृतज्ञता ज्ञापित करना अनिवार्य प्रसंग है और यहाँ तक कि इसे बकायदा उत्सव के रूप में भी मनाया जाता है। सबसे पहले कृतज्ञता का भाव उस प्रकृति के लिए उठता है, जो हमें उदरपूर्ति के लिए अन्न देती है। अच्छी फसल के लिए प्रकृति का शुक्रिया अदा करने हेतु विश्वभर में कई पर्व मनाए जाते हैं। इस दौरान मुख्यतः प्रार्थना की जाती है, संगीत, नृत्य, समूह भोज आदि होता है। कहीं-कहीं मेला लगता है तो कहीं गरीबों को भोजन कराया जाता है।

ज़रूरी नहीं है कि अन्न, जल आदि के लिए ही कृतज्ञता जताई जाए। जीवन की हर

छोटी-बड़ी ख़ुशी, हर नेमत के लिए शुक्रिया अदा कर सकते हैं। एक बार करके तो देखें। पुराने ज़माने के ज्ञानी और नए ज़माने के वैज्ञानिक दोनों ग़लत नहीं हो सकते।

जातक कथा में कहा गया है कि जो व्यक्ति अकृतज्ञ है, निरन्तर दूसरों के दोष देखता रहता है, उसे सारी धरती का राजा भी बना दिया जाए तो भी वह प्रसन्न नहीं होगा।

शुक्रिया बनाता है पहचान

मनोवैज्ञानिकों का कहना है कि शुक्रिया बोलने वाले व्यक्ति जल्दी ही अपनी पहचान बना लेते हैं। उनका नज़रिया उन्हें हर क्षेत्र में सफल, सुखी तथा समृद्ध बनाता है। यह बात घर से ही शुरू होती है और फिर आपके कार्यालय या आस-पास, आपको हर ज़गह लोकप्रिय बनाती है। लोग आपके इस अंदाज़ को देखकर प्रभावित होकर आपको विशेष सम्मान का हक़दार बनाते हैं। साइकोथैरेपी में इस बात का उल्लेख किया गया है कि प्रतिदिन धन्यवाद शब्द का इस्तेमाल एक साधारण काम है, जो धीरे-धीरे ज़िन्दगी को बेहतर बनाता है।

किसी शायर ने ठीक कहा है-

शुक्रिया की धारा बहती है, जिस दिल में।
चर्चा उसकी होती है, हर महफ़िल में।।

किसी की सदाशयता के प्रति हम अपनी कृतज्ञता व्यक्त करके सामाजिक जीवन में मिठास घोल सकते हैं। इसी प्रकार किसी के किए हुए उपकारों का अगर हम यदा-कदा उल्लेख कर दें तो न सिर्फ हम उपकार करने वालों को उसका हक़ दे रहे हैं, बल्कि पूरी मानव जाति में एक-दूसरे की सहायता करने की भावना को भी प्रोत्साहन दे रहे हैं।

जीवन में कृतज्ञ या शुक्रगुज़ार होना ज़रूरी है। शुक्रगुज़ार लोगों के अंदर आत्मसम्मान की भावना बहुत होती है। शुक्रगुज़ार लोग अच्छे ग्राही होते हैं। यानी वे दूसरों की अच्छी चीज़ों को बहुत जल्दी सीखते हैं। ऐसे लोग खाना भी खाते हैं तो उसके बनाने वाले को शुक्रिया कहना नहीं भूलते। जिनके साथ यात्रा कर रहे होते हैं उन्हें उनकी मदद के लिए गर्मजोशी से शुक्रिया अदा करना नहीं भूलते। यानी ये लोग जाते समय भी अपनी एक छाप लोगों के मन में छोड़ जाते हैं।

कृतज्ञता की भावना एक आध्यात्मिक गुण भी

कृतज्ञता मनुष्य का सबसे बड़ा आध्यात्मिक गुण है जो दूसरों के किए उपकारों का

स्मरण रखता है, उस सहायता के लिए सद्भावना रखता है और यथासंभव बदला चुकाने का प्रयत्न करता है उसे आध्यात्मिक व्यक्ति कहना चाहिए। आध्यात्मिकता में प्रेम भावना की तरह कृतज्ञता भी उसका दूसरा प्रतीक है। यदि हमें कृतज्ञता की दृष्टि उपलब्ध है तो यह सारा संसार ही उपकारी एवं सहयोगी प्रतीत होने लगेगा। कृतघ्नता का असुर जब हमारी आँखों में बैठा होता है तब दूसरों की छोटी-मोटी कमियाँ भी पहाड़-सी बड़ी मालूम देती हैं और उनके उपकार छोटे बनकर उस पहाड़ के पीछे छिप जाते हैं, तब यह सारा संसार दुष्ट एवं शत्रु प्रतीत होने लगता है, किन्तु यदि उपकारों को पहाड़ और त्रुटियों को उपेक्षणीय मानने की अपनी दृष्टि हो तो यह संसार स्नेही, सौम्य एवं मित्र प्रतीत होगा। कृतज्ञता के दृष्टिकोण में स्वर्ग और कृतघ्नता की दृष्टि में नरक का निवास रहता है। दोनों में से हम जिस प्रवृत्ति के भी अभ्यस्त होते हैं, उसी के अनुरूप इस संसार का वातावरण हमें दिखाई देने लगता है। हमारे चारों ओर सुखद वातावरण बना रहे इसके लिए कृतज्ञता की भावनाएँ हमें अपने स्वभाव में समाविष्ट करनी चाहिए। उपासना के द्वारा हम इस सद्प्रवृत्ति का भी सहज अभ्यास कर लेते हैं।

जब हम आभार या कृतज्ञता जताते हैं, ईश्वर या किसी व्यक्ति के प्रति तो न तो पैसा लगता, न ही ज़्यादा समय। फिर क्यों इस शक्तिशाली भावना की अनदेखी करें?

मुश्किलें क्यों न आएं - ख़ुशियाँ बिखेरते रहें

व्यक्ति की इच्छा के अनुकूल यदि कोई कार्य न हो तो ऐसे में निराशा स्वाभाविक है, लेकिन यह भी संभव नहीं है कि जीवन में हमेशा सब कुछ हमारी मर्ज़ी के अनुसार ही चले। इस सम्बन्ध में कवि हरिवंशराय बच्चन का कथन हमेशा याद रखने योग्य है-

"जीवन में अगर कुछ अपनी मर्ज़ी से हो तो अच्छा, अगर ऐसा न हो तो यह भी अच्छी बात है, क्योंकि इसमें ईश्वर की इच्छा शामिल होती है और उसकी मर्ज़ी कभी भी ग़लत नहीं होती।" ईश्वर और प्रकृति को धन्यवाद देने की परम्परा हमारी संस्कृति में सदियों से चली आ रही है। कोई भी पर्व-त्योहार हो तो वह ईश्वर के प्रति कृतज्ञता प्रकट करने का ही तो ज़रिया है। प्रकृति के शाश्वत नियम के अनुसार दिन-रात और सुख-दुःख का यह चक्र निरन्तर चलता रहता है। चाहे सुख हो या दुःख कुछ भी स्थायी नहीं होता। मुश्किलें हमारा इम्तिहान लेकर हमें और भी मजबूत बनाती है। अंत में इसी सकारात्मक सोच के साथ हमें हर दिन की शुरूआत करनी चाहिए कि इस खूबसूरत ज़िन्दगी के लिए हम ईश्वर के आभारी हैं। राह में कितनी ही मुश्किलें क्यों न आएं, हम ख़ुशियाँ बिखेरते रहें।

ज़िन्दगी में मिली नेमतों के प्रति शुक्रगुज़ार रहें

आपकी ख़ुशियों में सुख के ओर रंग भी जुड़ जाएँगे जब आप जो हैं उसके लिए आभारी होने का भाव रखने लगेंगे। इसलिए जीवन में मिली अच्छी चीज़ों और स्नेह भरे रिश्तों के लिए शुक्रगुज़ार होना सीखिए। यहाँ तक की अपने आलोचकों और नाकामयाबियों को भी शुक्रिया कहिए, क्योंकि जीवन से जुड़ी हर खट्टी-मीठी बात इस सफ़र को ख़ास बनाती है। सेल्फ इम्प्रूवमेन्ट में मददगार बनती है। हाँ इन चीज़ों से जुड़ी बातों में केवल कमियाँ देखना सही नहीं है। हर उतार-चढ़ाव को धन्यवाद देना सीखें जो आगे बढ़ते हुए आपको मिले हैं। यह सोचे तकलीफों में भी ख़ुशियाँ ढूँढ़ना सीखा देगी। ज़िन्दगी में मिली नेमतों के प्रति हमेशा शुक्रगुज़ार रहिए।

वाह रे मित्र - मिले का आभार नहीं, जो नहीं मिला उसकी नाख़ुशी

दो दोस्त लम्बे समय बाद मिले थे। एक बड़ा उदास लग रहा था। पहले ने कारण पूछा। वह कहने लगा, 'क्या बताऊँ चार हफ़्ते पहले ख़बर मिली कि मेरे एक दूर के ताऊजी का देहांत हो गया और वे मेरे नाम एक मकान छोड़ गये हैं। फिर तीन सप्ताह पहले एक रिश्ते की नानी, मेरे नाम पाँच लाख रूपये छोड़कर गुज़र गईं।

मित्र ने आश्चर्य से कहा 'बिना कुछ किये-धरे इतनी दौलत पाकर भी तुम उदास हो।' दूसरे ने कहना जारी रखा दो हफ़्ते पहले पता चला कि मेरी पत्नी के एक रिश्तेदार उसके नाम 10 लाख की ज़मीन लिख गये हैं। पहले मित्र ने पूछा, फिर आख़िर तुम इतने उदास क्यों हो भाई? दूसरे ने ठण्डी साँस छोड़ते हुए जवाब दिया 'क्योंकि पिछले हफ़्ते कोई नहीं मरा।' दुनिया में बहुत सारे लोग ऐसे ही हैं जो मिला उसके लिये आभारी होने के बज़ाय जो नहीं मिला उसके लिए नाख़ुश रहते हैं और इसी तरह अपनी ख़ुशियाँ बर्बाद कर लेते हैं।

ज़िन्दगी में ख़ुशी की कुँजी - आभारी रहने का रवैया

विदुषी अरुणा राजे लेखिका व फ़िल्म निर्देशक की सोच है कि ज़िन्दगी में कृतज्ञता खुशी की कुँजी है-

अगर आप आस-पास निगाहें डालें तो इतनी चीज़ें हैं आभारी होने की। रोज़ सुबह जब मैं जागती हूँ और खिड़की के बाहर देखती हूँ तो मुझे लगता है जैसे मुझ पर आशीर्वाद बरस रहा है और मैं बहुत आभारी महसूस करती हूँ। मैं ब्रह्माण्ड को आसमान विस्तार के

लिए धन्यवाद देती हूँ। सूर्य को कोमल रश्मियों के लिए जो एक शानदार दिन का वादा करती होती है। हरे रंग की ढ़ेर सारी छटाओं वाले पेड़ों के लिए, नीले, शांत समुद्र के लिए, पक्षियों के लिए जो बड़ी उत्साह से दिन की शुरूआत करने के लिए चहचहा रहे होते हैं। मैं प्रकृति को गहराई से महसूस करती हूँ और जैसे उसके आंनद का रस पीती हूँ और मुस्कुरा उठती हूँ।

कृतज्ञता की आदत डालें

सुप्रसिद्ध लेखिका रॉन्डा बर्न ने अपनी पुस्तक 'द मैजिक' में लिखा है कि इससे कोई फ़र्क नहीं पड़ता कि आप कौन हैं, कहाँ है या आपके वर्तमान हालात कैसे हैं? कृतज्ञता का जादू आपके समूचे जीवन को बदल देगा। हज़ारों लोगों ने सबसे बुरी स्थितियों में रहने के बावजूद कृतज्ञता के अभ्यास से अपने जीवन को पूरी तरह बदल लिया।

कृतज्ञता यानी धन्यवाद देना। यदि आप कृतज्ञता का थोड़ा-सा अभ्यास करते हैं तो आपका जीवन थोड़ा-सा बदलेगा। यदि आप रोज़ बहुत सारी कृतज्ञता का अभ्यास करते हैं तो आपका जीवन नाटकीय रूप से बदलेगा और ऐसे तरीकों से बदलेगा कि आप कल्पना भी नहीं कर सकते।

संकल्प लें कि आज से अपने हर काम में कृतज्ञता का भाव रखेंगे।

न भूलें शुक्रिया, धन्यवाद, थैंक शब्दों का इस्तेमाल करना

शुक्रिया कहना या कृतज्ञता किसी व्यक्ति द्वारा प्राप्त की गई चीज़ों के लिए एक आभारपूर्ण प्रसंशा है। पॉजिटिव साइकोलॉजी रिसर्च में कृतज्ञता अधिक ख़ुशी से जुड़ी है। यह लोगों की सकारात्मक भावनाओं को महसूस करने, अच्छे अनुभवों का आनन्द लेने, अपने स्वास्थ्य को बेहतर बनाने और प्रतिकूल परिस्थितियों से निपटने और मजबूत सम्बन्ध बनाने में मदद करती है।

दो मनोवैज्ञानिकों - कैलिफोर्निया विश्वविद्यालय के डॉ. रॉबर्ट ए. एमन्स और मियामी विश्वविद्यालय के डॉ. माइकल ई. मैक्कुलो ने कृतज्ञता की भावना पर शोध करके उसके सकारात्मक परिणामों को दर्ज़ किया है। उन्होंने यह भी पता लगाने की कोशिश की, कि कृतज्ञता कैसे दूसरों से हमारे सम्बन्धों को सुधारने में मदद करती है।

स्टेनफोर्ड विश्वविद्यालय (यू.एस.ए.) के डॉ. विलियम फ्रैंक का कथन है कि -

जब हम प्रतिदिन शुक्रिया, धन्यवाद या थैंक्स जैसे शब्द अपनी दिनचर्या में शामिल करते हैं तो अन्य लोगों की अपेक्षा ज़्यादा स्वस्थ और ख़ुश रहते हैं। इससे हममें उत्साह, आशावाद और ऊर्जा का स्तर बढ़ जाता है। ऐसे लोगों में बीमारियों से लड़ने की क्षमता ओरों की अपेक्षा ज़्यादा होती है। हम निर्णय भी जल्दी ले पाते हैं। हाँ या न के चक्कर में तनाव नहीं झेलते।

डॉ. पी. मुरली दोराई स्वामी, ड्यूक यूनिवर्सिटी, यू.एस. का कहना है कि -

''यदि कृतज्ञता की कोई दवा होती तो यह संसार की बेस्ट सेलिंग प्रोडक्ट होती जो व्यक्ति के हर मुख्य अंग को लाभ पहुँचाती और स्वस्थ एवं प्रसन्न रखती।''

❐

16

ख़ुशी के लिए, दिल के एक कोने में बचपन ज़िन्दा रहने दो

इस बनावटी दुनिया में,
कुछ सीधा-साधा रहने दो,
तन वयस्क हो जाए चाहे,
दिल तो बच्चा रहने दो।
मन की मिट्टी को थोड़ा-सा
तो गीला कच्चा रहने दो।

- कवयित्री, सुभद्रा कुमारी चौहान

बचपन मनुष्य जीवन का प्रारंभिक चरण है, जो लगभग छः से तेरह, चौदह या कभी-कभी और भी दो-तीन साल तक चलता है। बचपन शब्द ही मासूमियत और स्नेह से भरा हुआ है। बचपन कोरे पन्ने के समान होता है। जिस पर कुछ भी लिखा जा सकता है। बच्चे मन में किसी भेदभाव बिना जिससे स्नेह मिला उसी के हो जाते हैं।

बचपन में इतनी सुन्दरता भरी है कि यदा-कदा हमारा मन करता है कि चिन्ता और द्वेषरहित यह अवस्था अनवरत् चलती रहे, लेकिन यह संभव नहीं है। तो फिर क्यों न किसी भी आयु में हम कुछ मनोहर पल चुरा कर अपनी झोली में भर ख़ुशी और आनन्द से विभोर हो लें। बचपन की बातें याद कर आनन्दित होते हैं, उन्हीं बातों को दोहराना चाहते हैं।

ऐसे में थोड़ा-सा बचपन अपने भीतर ज़िन्दा रखने में क्या कोई हानि है? उनसे थोड़ी-सी मासूमियत, निःस्वार्थ भावना अपने में समेट लें।

बचपन में लौट जाना तो असंभव है, परन्तु बच्चों के साथ ईश्वरीय सुख और ख़ुशी की अनुभूति कराने के लिए पर्याप्त है। उनके संग तुतलाना, घुटने के बल चलना, खेलना-कूदना और उनके पवित्र मन का साथी बनना किसी आध्यात्मिक जीवन से कम नहीं है।

बच्चों में ख़ुश रहने की क्षमता अधिक होती है। डॉ. जितेन्द्र नागपाल, साइकेट्रिस्ट सीडीएएच दिल्ली का कहना है कि अपना बचपन और उस वक्त की शरारतें याद करें, आपके चेहरे पर मुस्कुराहट आ जाएगी।

किसी ने क्या खूब कहा है-

मम्मी की गोद और पापा के कंधे
न पैसे की सोच, न लाइफ के फण्डे
न कल की चिन्ता, न फ्यूचर के सपने
अब कल की फिकर और अधूरे सपने
मुड़कर देखा तो बहुत दूर हैं अपने
मंज़िलों को ढूँढ़ते हम कहाँ खो गए
न जाने क्यों हम इतने बड़े हो गए।

बचपन वापस तो नहीं लौटता, पर जिया जा सकता है

चाचा, ताई, मासी, बुआ,
ना जाने कितने अपने लोग
कितने प्यारे रिश्ते,
एक ही टोकरी में सजे
अलग अलग फूलों की भाँति
उतना ही अपनापन
उतनी ही डाँट,
परायापन क्या होता है
पता ही ना था।

बड़े हुए तब सुना
अपने परायों के किस्से,
पर मन,
वो तो रंग चुका था
प्यार और अपनेपन के उन रंगों में,
जो कभी नहीं छूटता,
बंध चुका था,
उन रिश्तों की अदृश्य डोरियों में
जो भी नहीं टूटता।
लगभग तीन चार दशकों बाद,
आज जब जीने चले,
फिर से उन पलों को,
तो इतना सुखद अहसास,
आज भी सभी... मेरे जैसे ही,
खड़े हैं उसी मोड़ पर,
एक दूसरे का इंतज़ार करते,
उन यादों को मुट्ठियों में थामे
खोलते उड़ाते से,
रंग-बिरंगी यादों की तितलियाँ
और उन्हें पकड़ते हम सभी
उल्लास और आनन्द से भरे हुए।
सच है,
बचपन वापस तो नहीं लौटता,
पर जिया जा सकता है,
उन यादों को फिर से एक बार।

एक वयस्क व्यक्ति का यह कथन भी कितना सारगर्भित है-

स्कूल का वो बैग फिर से उठा दे माँ,
यह ज़िन्दगी का बोझ उठाना मुश्किल है।

मेरा नया बचपन - कवयित्री सुभद्राकुमारी चौहान

विदुषी कवयित्री सुभद्राकुमारी चौहान के पद्य 'मेरा बचपन' जो बार-बार याद आता है कि कुछ पंक्तियाँ प्रस्तुत हैं जो दिल के एक कोने में बचपन ज़िन्दा रखती है और जीवन ख़ुशी के साथ जीने की प्रेरणा देती है।

बार-बार आती है मुझको, मधुर याद बचपन मेरी।
गया, ले गया तू जीवन की, सबसे मस्त ख़ुशी मेरी।।
चिन्ता रहित खेलना खाना, फिर फिरना निर्भय स्वच्छन्द।
कैसे भूला जा सकता है, बचपन का अतुलित आनन्द।।
पाया बचपन फिर से मैंने, बचपन बेटी बन आया।
उसकी मंजुल मूर्ति देखकर, मुझमें नव जीवन आया।।
मैं भी उसके साथ खेलती, खाती हूँ, तुतलाती हूँ।
मिलकर उसके साथ स्वयं, मैं भी बच्ची बन जाती हूँ।।

मैं बच्चों में हिलमिल जाता हूँ उन्हें प्यार करता हूँ

भारत के पूर्व प्रधानमंत्री पंडित नेहरू

पंडित जवाहरलाल नेहरू से एक सज्जन ने पूछा पंडित जी आप सत्तर वर्ष से ऊपर के हो और मैं भी, परन्तु क्या कारण है कि आप तो गुलाब के फूल की तरह ताजे दिखाई पड़ते हैं और मैं हूँ कि बूढ़ा हो चला। पंडित नेहरू बोले कि तीन बाते हैं- पहली तो यह कि मैं बच्चों में हिल-मिल जाता हूँ। उन्हें प्यार करता हूँ। उनकी मासूमियत और भोलापन मेरी ज़िन्दगी पर असर डालते हैं। दूसरी बात यह है कि मैं प्रकृति के सुन्दर दृश्यों-हिमालय, चाँद, तारे, वृक्ष, पक्षी आदि से अपना सम्पर्क बनाए रखता हूँ। घने जंगलों और उनकी हवाओं से मुझे नये प्राण मिलते हैं और तीसरी बात यह है कि छोटी-छोटी क़िस्म की बातों से मैं ऊपर उठ सकता हूँ। मेरे दिल-दिमाग में उनका बहुत असर नहीं पड़ता। जीवन की समस्याओं के प्रति मेरा दृष्टिकोण

अलग है वह रचनात्मक है। इसलिए मेरी सेहत और मेरे विचार ढ़ीले-ढ़ाले नहीं हो पाते। सत्तर वर्ष से ऊपर आयु होकर भी तरोताजा और जोश से रहने का मेरा यही रहस्य है।

बचपन के गुदगुदाने वाले, हँसाने वाले प्रसंग या संस्मरण

बचपन के वे प्रसंग, बातें, घटनाएँ, संस्मरण कुछ भी नाम दिया जाए ऐसे होते हैं जो स्मृति पटल पर सदा-सर्वदा अंकित हो जाते हैं। समय-समय पर याद आने पर वे कभी गुदगुदाते हैं, कभी हँसाते हैं तो कभी बचपन से साक्षात्कार कराते हैं और हमें कभी बूढ़ा नहीं होने देते। प्रस्तुत है मेरे जीवन से जुड़े ऐसे ही कुछ प्रसंग।

बचपन ज़िन्दा रखने के लिए हमारे स्वयं से जुड़े प्रसंग ही याद रखना ज़रूरी है। अन्य लोगों के प्रसंग हमारे उद्देश्य की पूर्ति नहीं कर सकते। इसलिए पुस्तक में उदाहरणस्वरूप लेखक के बचपन से जुड़े प्रसंग ही दिए जा रहे हैं।

प्रत्येक व्यक्ति के बचपन से जुड़े प्रसंग अलग-अलग होते हैं जिन्हें याद रख वयस्क होते हुए भी व्यक्ति अपने दिल में बचपन ज़िन्दा रख सकता है।

पत्नी के पैर दाबने का नेग

भोपाल में अध्ययन के दौरान मैं हॉस्टल में न रहकर शहर में मकान लेकर रह रहा था। जब मैं बी.कॉम. प्रथम वर्ष का छात्र था उस समय जुमेराती बाज़ार का एक हिस्सा जो अब जवाहर चौक के नाम से जाना जाता है। उसमें मैं अग्रवाल के मकान में रहता था। अग्रवाल के बड़े पुत्र का विवाह तय हो गया। बारात उत्तरप्रदेश के एक कस्बे में जाना थी, बारात में, मैं भी गया था, साथ ही मध्यप्रदेश मंत्रिमण्डल के उपमंत्री रहे एक और सज्जन भी थे।

दूल्हा मेरा मित्र था, मेरी बात मानता था तथा मेरे ऊपर विश्वास भी करता था, किन्तु कई बार अटपटी बातें करके वह अपने आपको हँसी का पात्र बना लेता था।

बारात में जैसा होता है जाते समय हँसी मजाक होती रही लौटने पर भी हुई, लेकिन कम। मैं बराबर दूल्हे के साथ बना रहा।

बारात भोपाल लौटने के दौरान हमने उसके प्रथम मिलन के मौके पर एक दिलचस्प मजाक करने की योजना बनाई। मैंने सभी बातें मित्रों को समझा दी कि अगर गोविन्द तुमसे पूछे तो तुम बड़ी गंभीरता से मेरी बात का समर्थन करना।

दूल्हा नेगाचार के बारे में मुझसे पूछता रहता था, उसने पूछा कि प्रथम रात्रि को क्या नेग होता है? मैंने कहा कि लड़की को उपहार दिया जाता है और बाद में उसके पैर दाबकर उसकी सेवा करनी होती है। उसे मेरी पैर दाबने वाली बात अटपटी लगी। वह कहने लगा कि माहेश्वरी

क्या ऐसा भी करना होता है? मैंने कहा कि तुम इस नेग में चूक मत करना हालाँकि वह इसका विरोध करेगी- कहेगी की स्वामी ऐसा करके आप मुझे पाप में क्यों डाल रहे हो ? यहाँ तक की वह रोने भी लग सकती है, लेकिन तुम्हें अपना कर्त्तव्य पूरा करना है, अन्यथा भविष्य में वह तुम्हारी सेवा नहीं करेगी। मेरी बातें उसकी समझ में तो आ रही थी, किन्तु पूरी तरह गले नहीं उतर रही थी, उसने एक-दो मित्रों से और पूछा, उन्होंने भी वही कहा जो मैंने कहा था। अब तो उसे पक्का विश्वास हो गया कि प्रथम रात्रि को पत्नी के पैर दाबने का नेग होता है। मैंने उसे उसके कमरे में जाते-जाते और स्मरण करा दिया।

सुबह होने पर सबसे पहले वह मेरे पास आया और बोला कि माहेश्वरी तुम सच कहते थे उसने मेरे पैर दाबने का बहुत विरोध किया और कहने लगी कि मुझसे ऐसा काम कराकर क्यों पाप का भागी बनाते हो, वह रोने भी लगी, लेकिन मैं नहीं माना, मैंने गुस्से में कहा कि आज तो तुमको मुझसे पैर दबवाना ही पड़ेंगे यह नेग है, मेरा चेहरा देखकर वह सहम गई और बाद में कुछ विरोध नहीं किया। मैंने लगभग 40 मिनिट तक उसके पैर दाबकर सेवा की। उसने आगे कहा कि अब तो मेरा अच्छा 'इम्प्रेशन' रहेगा। तब मैंने मुस्कुराकर कहा, अच्छा नहीं बहुत अच्छा रहेगा। इस बात को लेकर हम सभी मित्र लम्बे समय तक हँसते, मुस्कुराते रहे। आज भी जब कभी बारात में जाने का मौका आता है यह प्रकरण याद आ जाता है और हँसी फूट पड़ती है।

राजा-महाराजा मखमल की रोटी खाते हैं

मध्यप्रदेश के विदिशा जिले में शमशाबाद के पास नेरआई गाँव में हमारी कृषि भूमि थी। जिसे बँटाई पर दे रखी थी। समय-समय पर पिताजी श्री गन्नूलालजी उसे देखने जाया करते थे। एक बार मैं भी उनके साथ चला गया, उस समय मेरी उम्र नौ वर्ष की थी। हम एक बार दोपहर को बँटाईदार के घर बरामदे में खाट पर लेटकर आराम कर रहे थे। पास में ही गाँव के कुछ बच्चे खेल रहे थे। एक बच्चा बोला हल्ला मत मचाओ सेठजी और उनका लड़का सो रहे हैं।

दरअसल में पिताजी और मेरी नींद नहीं लगी थी। इतने में एक बच्चे ने दूसरे बच्चों से सवाल किया कि हम गाँव के लोग ज्वार की रोटी खाते हैं। सेठ, साहूकार गेहूँ की रोटी खाते हैं, यह बताओ कि राजा, महाराजा किस चीज़ की रोटी खाते हैं? यह प्रश्न सुनकर सभी बच्चे थोड़ी देर के लिए चुप हो गए। इतने में एक बच्चा बोला-तुम सब बुद्धू हो, अरे इतना भी नहीं जानते, राजा, महाराजा, मखमल की रोटी खाते हैं। बच्चे की बात सुनकर पिताजी अपनी हँसी नहीं रोक सके, खुलकर हँसने लगे। बच्चे पिताजी को हँसते देख वहाँ से तितर-बितर हो गए।

में कई लोगों ने पढ़ा। मेरे पिताजी के मित्र श्री जमनाप्रसाद जी चांडक ने भी उसे पढ़ा। उन्हें मजाक करने की सूझी, वे अख़बार लेकर मेरे पिताजी के पास आए, अख़बार उन्हें दिखाकर कहा- देखो आपका लाड़ला क्या करने जा रहा है। बेबी तबस्सुम से शादी रचाने जा रहा है। मेरे पिताजी अख़बार पढ़कर आगबबूला हो गए तथा मेरे लिए अंट-शंट कहने लगे। उस समय मैं वहाँ मौजूद नहीं था।

उसी दिन मेरे कॉलेज की स्टूडेन्ट यूनियन का चुनाव हुआ था। मैं कोषाध्यक्ष पद का प्रत्याशी था, बहुत अधिक मतों से विजयी घोषित किया गया। इसी उपलक्ष्य में, मैं एवं मेरे अन्य साथी जो विभिन्न पदों पर विजयी घोषित किये गये थे का विजय जुलूस निकाला जा रहा था। सभी विजयी प्रत्याशियों को पुष्पमालाएँ पहनाई जा रही थीं। जुलूस जब हमारी दुकान के सामने से गुज़रा तो पड़ोसी दुकानदार ने मेरे पिताजी से कहा कि आपका बेटा चुनाव जीता है, से फूलों का हार पहना कर आप भी आशीर्वाद दे दीजिये तो उन्होंने तनमनाते हुए कहा कि े तो मैं जूतों का हार पहनाऊँगा, बेबी तबस्सुम से विवाह रचाने जा रहा है। पिताजी काफी मय तक मुझसे नाराज रहे। जब उन्हें लोगों ने समझाया कि अख़बार में प्रश्न तो मजाक एवं ोरंजन के लिए पूछे जाते हैं तब कहीं जाकर धीरे-धीरे उनका गुस्सा शांत हुआ।

आपकी उम्र चाहे कुछ भी हो, बालों से सफेदी झाँकती हो, जेब में ज़्यादा पैसे न हो, ॉकन मन में बचपन ज़िन्दा हो तो ज़िन्दगी ख़ुशनुमा हो जाती है। कभी यह सोचियेगा ज़रूर बच्चों के लिए कितनी छोटी-सी बात भी हँसी का कारण बन जाती है और वे जब भी हँसते ुलकर दिल से हँसते हैं।

हम बच्चों को कोरी स्लेट मानकर उन्हें सब कुछ सिखाने की ज़िम्मेदारी ओढ़ लेते हैं, न जरा गौर कीजिएगा, डगमग चलना, चन्द शब्द ही बोल पाने वाला बच्चा कितना सु, चंचल और ख़ुश दिल होता है। हम भी कभी उस दौर में, ऐसे ही थे तो क्यों न उन्हीं सुलभ गुणों से प्रेरणा लेकर फिर वैसे ही बन जाएं तो थोड़ा वक्त इन बच्चों की संगत ाइए और उनकी तरह बे सिर पैर की बातें कीजिए फिर देखिए आपका मन कितना लत हो जाता है।

सलिए-

बचपन अपना साथ रखिए ज़िन्दगी की शाम में,
उम्र मालूम न होगी सफ़र के मुकाम में।।

❑❑❑

यह घटना 65 वर्ष पहले की है जब ज्वार, मक्का, गेहूँ की अपेक्षा इनफिरियर माना जाता था, गेहूँ की तुलना में ज्वार का भाव कम रहता था।

आज भी जब यदा-कदा ज्वार की रोटी खाने को मिलती है यह घटना याद आ हम खूब हँसते हैं।

चोरी करके खाने का मज़ा कुछ और ही है

हाईस्कूल की पढ़ाई के दौरान जब कॉलेज में फ्री पीरियड रहते थे तब कभी- चार-पाँच मित्रों सहित थोड़ी दूर स्थित खेत में जाकर वहाँ पर लगी मटर की फ छोड़, जामफल तथा बैर आदि जो भी उस समय उपलब्ध रहते थे, उन्हें तोड़कर जाया करते थे। ऐसा खेत के रखवाले या माली की आँख बचाकर या उसकी अ किया करते थे। खेत बाबू तखतमल जी का था जो तत्कालीन मध्यभारत के मुर

एक रोज़ हम चने के छोड़ उखाड़ रहे थे इतने में खेत का रखवाला आ देखकर भागे। भागने में मेरा पारकर पेन, जो कि शर्ट की जेब में लगा था कहं पिताजी का था, काफी महँगा भी था। मैं पिताजी से पूछे बगैर उसे अपने कॉलेज ले आया था। पेन गिरने पर मैं बहुत घबरा गया था कि अब क्या बातचीत की तो उन्होंने कहा कि हम हिम्मत करके रखवाले के सामने ही घुसते हैं जो होगा सो देखा जायेगा। हम सभी मित्र खेत के अन्दर घुस गये, गया।

रखवाला (माली) देखता रहा। वह हममें से कई साथियों को पहच आकर बोला- तुम अच्छे घर के बच्चे हो, चोरी क्यों करते हो? तुम्हें जो लिया करो। हम उसकी बात सुनते रहे, कुछ बोले नहीं केवल सहमति में लेकिन मन ही मन में सोच रहे थे कि चोरी करके खाने का मज़ा कुछ अं

बेबी तबस्सुम और मेरी जोड़ी कैसी रहेगी ?

पत्र-पत्रिकाओं में अपनी रचनाएँ प्रकाशित कराने का शौक मुझ दिल्ली से प्रकाशित समाचार पत्र 'वीर अर्जुन' में रविवार को एक स्त था। पाठक प्रश्न पूछते थे - सम्पादक उनका उत्तर देते थे। प्रश्न के सा नाम एवं स्थान प्रकाशित किया जाता था। विदिशा में एस.एस.ए 10वीं में अध्ययनरत रहते हुए मैंने भी 'वीर अर्जुन' में प्रश्न पूछा कि जोड़ी कैसी रहेगी? मेरा यह प्रश्न और सम्पादक का उत्तर वीर अ